VITTORIO ARRIGONI

GAZA MENSCH BLEIBEN

RESTIAMO UMANI

Zweite, nach der Ermordung des Autors mit neuen Texten ergänzte Auflage

ZAMBON

Wir haben den italienischen Titel "Restiamo umani" mit "Mensch bleiben!" übersetzt. Der italienische Ausdruck enthält jedoch eine Vielzahl von Möglichkeiten der Übersetzung, wie „Wir bleiben Menschen", „Wir bleiben menschlich", „Wir bleiben trotz allem menschlich", und auch den auffordernden Charakter des „Lasst uns Menschen bleiben" und damit auch „am Leben". Auch die Israelis werden einbezogen und somit eingeladen, wieder menschlich zu werden. Aus dem Text wird deutlich, dass Arrigoni kein Feind der Israelis als solche ist, sondern ein entschiedener Gegner der unmenschlichen Politik der israelischen Regierung.

Originaltitel:
dicembre 2008-gennaio 2009 GAZA. Restiamo Umani

Übersetzung der Texte von Vittorio Arrigoni
aus dem Italienischen: Felix Ballhause

Übersetzung der anderen Texte aus dem Italienischen
und Englischen: Anton Stengl

Satz und Gestaltung: Fabio Biasio

Der Verlag ist bereit, den uns unbekannten Fotografen, deren Bilder wir im Internet gefunden haben und die wir hier veröffentlichen, eine angemessene Vergütung zuzuerkennen.

ISBN 978 3 88975 194 2

Onadikum

Ich rufe dich

Ich rufe dich
Ich schüttle deine Hände
Ich küsse den Boden unter deinen Füßen

Ich widme euch das Licht meiner Augen
Und ich gebe die Wärme meines Herzens
Und die Tragödie, die ich lebe, besteht darin, dass mein
Schicksal dasselbe ist wie eures
Ich bin in meinem Land nicht wertlos gewesen
Und nicht zurückgewichen

Ich stand (aufrecht) im Angesicht meiner Unterdrücker
eine nackte, barfüßige Waise
Ich habe Blut an meinen Händen und meine Fahnen war
nie auf Halbmast
Und ich habe das grüne Gras auf den Gräbern meiner
Vorfahren bewahrt

INHALT

Die Ermordung Vittorio Arrigonis (2011)

Trauer um Vittorio

Palästinenser und internationale Solidaritätsbewegung sind entsetzt über Mord an italienischem Friedensaktivisten

von Karin Leukefeld

»Er war mehr Palästinenser als jene Kriminellen, die ihn ermordeten.«

Dreißig Stunden gaben die Entführer den Behörden der Hamas im Gazastreifen gegeben, um ihre Forderungen zu erfüllen. Doch nur wenige Stunden, nachdem sie das Video mit Bildern ihrer geschundenen Geisel veröffentlicht hatten, wurde Vittorio Arrigoni tot aufgefunden. Zehn Jahre lang hatte sich dieser für Gerechtigkeit für die Palästinenser eingesetzt. Der italienische Aktivist der Internationalen Solidaritätsbewegung (ISM) war am Donnerstag morgen in Gaza-Stadt entführt worden. Am späten Nachmittag tauchte ein Video im Internetportal Youtube auf. Darin zu sehen: Arrigonis Augen verklebt, sein rechtes Auge mit Blut verschmiert. Eine Hand zieht den Kopf des Entführten an den Haaren hoch, so dass das Gesicht in die Kamera blickt. Die »Hanija-Regierung« müsse alle »unsere Gefangenen« freilassen, so die Forderung der Entführer, die sich als »Brigade des ritterlichen Kameraden des Propheten Mohammed Bin Muslima« zu erkennen gab, von der bis dahin noch nie jemand im Gazastreifen etwas gehört hatte. Sollte es diese Gruppe tatsächlich geben, wäre sie den Salafiten zuzuordnen, da ausdrücklich die Freilassung von salafitischen Gefangenen gefordert wurde. Unmittelbar nachdem das Video veröffentlicht wurde, durchsuchte die Polizei Wohnungen von Mitgliedern und Anhängern bekannter Salafitengruppen im Gazastreifen. Eine Person, die entweder an der Entführung beteiligt war oder davon gehört hatte, führte die Polizei am frühen Freitag morgen in eine Wohnung im Norden des Gazastreifens, wo man Arrigoni erhängt auffand.

Ehab Al-Ghussein, Sprecher des Innenministeriums der Hamas, sagte, der Entführte sei offenbar kurz nach seiner Verschleppung schon »auf schreckliche Weise« getötet worden. Vermutlich sei das auch das Ziel gewesen, mit der Forderung nach Freilassung Gefangener Zeit zu gewinnen. Zwei Personen wurden festgenommen. In einer Erklärung verurteilte die Hamas-Regierung den Mord als abscheuliches Verbrechen. Es widerspreche palästinensischen »Werten, der Religion, den Sitten und Gebräuchen«. Das Verbrechen sei von einer »kriminellen Gruppe« ausgeführt worden und Ausdruck »mentaler Verkommenheit«. Alle Palästinenser seien aufgerufen, an dem Beerdigungsmarsch teilzunehmen, um den Mord an dem Friedensaktivisten zurückzuweisen, hieß es in der Stellungnahme weiter. Alle Einwohner von Gaza hätten Arrigoni als Unterstützer der palästinensischen Sache gekannt.

Mitglieder der Internationalen Solidaritätsbewegung hatten den Toten am Freitag morgen identifiziert. Ein italienischer Arzt sollte den Leichnam obduzieren, um die genaue Todesursache festzustellen. ISM-Mitbegründerin Huweida Arraf zeigte sich in einer ersten Stellungnahme schockiert. »Es ist unglaublich«, sagte sie. »Er war mehr Palästinenser als die Kriminellen, die ihn ermordet haben.« In einer Stellungnahme der Free-Gaza-Bewegung heißt es: »Alle, die ihn kannten und liebten werden sich an diesen tapferen und humorvollen Mann erinnern, der jede Diskussion mit den Worten beendete ›Bleib menschlich‹. Seine Arbeit wird fortgesetzt, aber in unseren Herzen herrscht eine große Leere.«

Alle palästinensischen Parteien verurteilten den Mord an Vittorio Arrigoni. Fawzi Barhoum, Sprecher der Hamas in Gaza, hob die Arbeit aller Friedensaktivisten hervor, die dazu beitragen würden, »über das Leid und die Anliegen aller Palästinenser, insbesondere der in Gaza«, zu berichten. Der Mord solle den belagerten Küstenstreifen destabilisieren, das Ansehen der Palästinenser schädigen und Gaza gegenüber der internationalen Unterstützung isolieren. Ein Sprecher des Islamischen Dschihad verurteilte das »groteske Verbrechen«. Es nutze der israelischen Besatzungsmacht, die ständig Hass gegen die Solidaritätsbewegung mit den Palästinensern schüre. Die Palästinensische Volkspartei sprach von einem »moralischen und nationalen Verbrechen«. Mustafa Barghouti von der Palästinensischen Einheitsinitiative zeigte sich schockiert »über das Verbrechen«. Es diene den Interessen derer, die den Palästinensern gegenüber feindlich eingestellt seien.

Arrigoni kam vor knapp drei Jahren als ISM-Friedensaktivist in den Gazastreifen gekommen. An Bord eines Bootes der Free-Gaza-Bewegung war er 2008 dabei, als es erstmals nach Jahren gelang, die israelische Blockade zu durchbrechen und Hilfsgüter in den Hafen von Gaza zu bringen. Seitdem lebte er fast ständig dort. Er habe seine Familie und seine Heimat verlassen, »um mit den Palästinensern trotz aller Angriffe und trotz der Belagerung zu leben«, hieß es in einer Stellungnahme der Palästinensischen Volkspartei. In und für Palästina war er seit fast zehn Jahren aktiv. Er hatte sich schon oft in Gefahr begeben, eine Gefahr, der die Palästinenser täglich ins Auge sehen. Um über die harten Lebensbedingungen der Palästinenser und die Menschenrechtsverletzungen der israelischen Besatzungsmacht aufzuklären, berichtete Arrigoni für die italienische Tageszeitung ´il manifesto´ und das Onlineportal PeaceReporter. Während des israelischen Angriffs 2008/2009 war er im Gazastreifen, er begleitete Ambulanzen und berichtete als Augenzeuge für internationale Medien. Mehrfach wurde er wegen seiner Teilnahme am gewaltfreien palästinensischen Widerstand in der Westbank und im Gazastreifen von israelischen Sicherheitskräften verhaftet.

Der Mord soll offenbar zeigen, dass die Hamas-Regierung nicht in der Lage ist, im Gazastreifen für Ordnung und Sicherheit zu sorgen. Mitglieder der Internationalen Solidaritätsbewegung, die – sehr zum Unwillen der israelischen Besatzungsmacht – seit Jahren vor Ort aktiv sind, sollen eingeschüchtert und vertrieben werden. Derzeit wird eine neue Schiffsflotte vorbereitet, die mit Hilfsgütern die Blockade des Gazastreifens durchbrechen soll.

Karin Leukefeld studierte Orientalistik und arbeitet als Journalistin für den Mittleren Orient

Der Imam der Salafiyya:

Der Mord an Vittorio Arrigoni „hatte mit dem Islam nichts zu tun„

Der Salafiyya-Führer Iyad Ash-Shami sagte am Freitag, dass salafitische Gruppen nicht an der Ermordung eines italienischen Aktivisten im Gaza Streifen beteiligt gewesen seien. Die Tötung von Vittorio Arrigoni „hatte nichts mit dem Islam zu tun", sagte er und fügte hinzu, dass alle salafitischen Gruppen und Gelehrten einig darin wären, dass die Tötung von Menschen verboten sei. Der Islam verbietet Mord.

Der Körper von Vittorio Arrigoni war am frühen Freitagmorgen in einer Wohnung nordwestlich von Gaza-Stadt erhängt aufgefunden worden, einige Stunden nachdem der Aktivist der International Solidarity Movement in der Küstenenklave entführt worden war.

Radikale Salafiten waren der Entführung Arrigonis verdächtigt worden. Arrigoni wurde zuletzt am Donnerstag in einem online Video lebendig gesehen. Die Entführer identifizierten sich in dem Video als Angehörige einer bisher unbekannten Gruppe mit dem Namen „Brigade der Gallant Companion des Propheten Mohammed bin Muslima". Sie drohten damit, Arrigoni zu töten, wenn Hamas die salafitischen Gefangenen nicht bis Freitagabend freilassen würde. Hamas stellte fest, dass seine Leiche bereits vor Ablauf der Frist gefunden wurde.

Ash-Shami betonte, dass „irgendeine Regierung oder irgendein Staat irgendwo in der Welt" das Video hätte machen können und fügte hinzu, dass sich die salafitischen Gruppen am Freitag treffen, um zu entscheiden, wie sie auf die Ermordung reagieren werden.

Am Freitag zuvor hatte die salafitische Gruppe At-Tawhid wa Al-Jihad eine Verwicklung bei der Entführung und Ermordung von Arrigoni verneint, sagte aber, dies wäre „ein natürliches Ergebnis der Politik der Regierung, die sich gegen die Salafiten richtet".

Die von Hamas geführte Regierung in Gaza schlug in den letzten Jahren eine harte Linie gegen die Salafiten in Gaza ein, deren religiöse Praktiken und deren Weigerung, die Waffenstillstandvereinbarungen mit Israel einzuhalten, zu Konfrontationen führten.

Hamas brach 2007 ihre Kontakte zur salafitischen Gruppe ´Armee des Islam´ ab, nachdem diese sich für die Entführung des BBC-Reporters Alan Johnson verantwortlich erklärte. Hamas half dabei, die Freilassung des Journalisten nach vier Monaten der Gefangenschaft zu garantieren. Im August 2009 kündigte die salafitische Gruppe ´Jund Ansar Allah´ (Partisanen Gottes) während einer Predigt in einer Moschee im südlichen Teil von Rafah die Ausrufung eines islamistischen ´Emirats´ in Gaza an. Dies führte zu einer wütenden Reaktion der Hamas, deren Streitkräfte die Moschee stürmten und damit Zusammenstöße provozierten, bei denen 24 Menschen starben.

(Im englischen Original nachzulesen bei: http://www.allvoices.com/contributed-news/8794041/content/77731909-arrigoni-had-been-living-in-the-gaza-strip-for-much-of-the-past-three-years)

Auch Juliano Mer-Khamis und weitere Friedensaktivisten wurden von angeblichen islamistischen Militanten ermordet. Der israelische Jazz-Saxophonist Gilad Atzmon weist darauf hin, dass die israelische Regierung seit langem solche Spezialeinheiten einsetzt.

Juliano Mer-Khamis wurde heute in Jenin ermordet

von Gilad Atzmon

Montag, 4. April 2011, 15:20 Uhr

Der bekannte palästinensische Filmemacher, Schauspieler und politische Aktivist Juliano Mer-Khamis, 53, wurde am Montag im Flüchtlingslager Jenin in der West Bank niedergeschossen.

Nach Angaben des Polizeichefs von Jenin, Mohammed Tayyim, schossen palästinensischen Aktivisten fünf Mal auf Mer-Khamis. Die Polizei ermittelt noch die näheren Umstände seiner Ermordung. Man sollte abwarten, bis man mehr über diesen tragischen Vorfall in Erfahrung gebracht hat. Bekanntlich trainiert die IDF[1] Spezialeinheiten, die als palästinensische Aktivisten verkleidet operieren.

Mer-Khamis wurde sowohl in Israel als auch im Ausland als Schauspieler in seinen Filmen und durch Theaterrollen bekannt. Er machte sich auch als Regisseur und als politischer Aktivist einen Namen.

Mer-Khamis war dem örtlichen Theater in Jenin verbunden, das seine Mutter in den Achtziger Jahren gründete. 2006 eröffnete er zusammen mit dem ehemaligen militärischen Führer der Märtyrerbrigaden der Al-Aqsa in dieser Stadt der West Bank, Zakariya Zubeidi, das Freiheitstheater in Jenin.

Mer-Khamis' Mutter, Ana Mer, trat als israelische, jüdische Aktivistin für die Rechte der Palästinenser ein. Sein Vater war ein christlicher Palästinenser. Mer-Khamis ist in Nazareth geboren und aufgewachsen.

(...)

1- IDF Israel Defense Forces - Israelische Verteidigungskräfte = das israelische Militär.

Vittorio Arrigoni, Aktivist

Dass Vittorio Arrigoni, pro-palästinensischer Aktivist und Anti-Zionist, den man in Gaza unter mysteriösen Umständen ermordete, durch den israelischen Geheimdienst liquidiert wurde, der ihm ja schon vor über zwei Jahren Rache schwor, weil er ein zu unangenehmer Zeuge war - dass ist jedem klar, der über einen gesunden Menschenverstand verfügt.

von Giulietto Chiesa

3. 5. 2011

Sie haben Vittorio Arrigoni umgebracht, aber wir sollten uns nicht darauf beschränken, ihn zu beweinen. Ich denke an Falcone und Borsellino. Vittorio war viel jünger als sie und hatte etwas völlig anderes zu tun. Und doch ist es dasselbe. Falcone und Borsellino sind unvergesslich geworden, so wie zuvor Matteotti: Symbole der Solidarität unter den Menschen, der Gerechtigkeit, der wirklichen Demokratie, der Menschlichkeit.

Für Vittorio gilt dasselbe und wird immer gelten. Deshalb ist er am Leben. Deshalb wird er ewig leben. Wie es alle Dinge auf dieser Welt tun, sicher, aber als ein Symbol der Wahrheit, was nicht für alle Dinge dieser Welt gilt. Also fangen wir an, ihn wieder lebendig zu machen - indem wir studieren und denken. Denn was es als erstes zu sagen gibt, ist, dass sie ihn nicht nur umgebracht haben: Indem sie ihn ermordeten, haben sie eine zweite Lüge konstruiert, die so abscheulich ist wie sein Tod.

Sie schoben den Muslimen die Schuld in die Schuhe. Genau so haben sie es gemacht. Denn das ist kein Krieg, der mit gleichen Waffen ausgetragen wird. Es ist eine Machenschaft eines Marktes, in dem der Profit immer größer werden muss. Es reichte nicht, von der Rache zu profitieren. Es musste so sein, dass der auch auf anderen Gebieten Profit gezogen wurde. Also wurde daraus ein Schauspiel inszeniert. Ein Schauspiel, in dem wie bei dem des 11. September die Toten ein Teil der Bühneneinrichtung sind, des Bühnenbildes. Zum Gebrauch auch für andere Zwecke bestimmt.

Deswegen müssen wir wieder und wieder auf seinen Tod zurückkommen. Weil es ein Modell ist, das uns hilft, die Psychologie der Gewalt der Schlächter ihren Opfern gegenüber zu verstehen. Schaut euch diesen Schwindel an! Sie haben den Mord mit zwei Scheinmanövern unterschrieben. Eine salafitische Geistergruppe. Und eine Forderung nach Geiselaustausch. Sie wussten, dass wie üblich alle Zeitungen und Fernsehsender ihr Mantra wiederholen werden: Eine salafitische Gruppe, das heißt Islamisten, Fanatiker, Terroristen. Und alle stehen wie die Schafe da und wiederholen dasselbe. Vittorio Arrigoni, der Zeuge, wird aus dem Weg geräumt. Und diese Geschichte des fanatischen, islamischen Terrorismus wird mit einer Million multipliziert. Genau deswegen habe ich sofort um sein Leben gezittert. Tatsächlich, sobald sie ihr doppeltes Ziel erricht hatten, Tod und Ablenkung auf den islamischen Terrorismus, haben sie ihn umgebracht, ohne auch nur die dreißig Stunden abzuwarten. Das Märchen von den Häftlingen, die man befreien müsse, gehörte ebenfalls zurr Bühnenausstattung. Als der Vorhang dann fiel, konnte man morden.

Aber sie haben auch eine Unterschrift hinterlassen. Eine Unterschrift nach Art der Mafia, denn es sind Kriminelle und keine Kämpfer: Sie haben ihn erdrosselt. Denn Zeugen sind die, welche erzählen. Also musste man ihm auch symbolisch den Mund verschließen.

So habe ich verstanden, wer sie waren.

Keiner weiß, aus wem sich die salafitische Gruppe zusammensetzt. Woher sie kommt, wer sie inspiriert hat. Vielleicht werden wir es niemals wissen. Zu sagen, es war der israelische Geheimdienst, ist sogar banal. Aber auch darüber werden wir nie etwas erfahren, denn die Strategie der Einzelmorde, die Israel in aller Öffentlichkeit verfolgt, vollzieht sich über verschiedene Operationen der Spurenverwischung. Die einzige Gelegenheit, bei der die Unterschrift eindeutig ist, ist der Einsatz von Drohnen, um ein Auto zu bombardieren. Da gibt es dann keine Zweifel mehr. Aber die anderen zielgerichteten individuellen Ermordungen müssen maskiert stattfinden. Denn sonst würden sich die ach so anständigen Menschen im Westen, diejenigen, die nicht verstehen wollen und diejenigen, denen die intellektuellen Fähigkeiten dazu fehlen, an der Seite der Mörder wiederfinden. Und das ist unangenehm. Also bietet man ihnen eine angenehme, beruhigende Erklärung an, die nicht ihr Bewusstsein in eine Krise stürzt. Auf diese Weise haben sie Vittorio Arrigoni ermordet. Und wir dürfen nicht müde werden, es zu erklären und zu wiederholen.

(Im italienischen Original nachzulesen bei: http://www.giuliettochiesa.it und http://www.lavocedellevoci.it)

Wir lesen CIA und sprechen es Mossad aus

In dieser Demokratie gibt es „Gesetze", die angeblich für alle gelten sollten.

Es gibt sogenannte „Menschenrechte", die laut Charta der UNO universell gelten sollten.

Die „Rechtsgelehrten" sprechen bezüglich dieser Menschenrechte von der

1. Universalität

2. Egalität

3. Unteilbarkeit

Was die Gelehrten sagen, ist in der Praxis der Regierungen unerheblich.

Es ist pure Ideologie. Die Menschrechte können sogar, in ihren Händen eine Waffe werden, mit der sie morden und töten: universell, egalitär und unteilbar. Für sogenannte Terroristen gibt es keine Menschenrechte. Wo bleiben Universalität, Egalität und Unteilbarkeit. Nur für sie, die diese Menschenrechte in Anspruch nehmen, um anderen Gesellschaften ihre sogenannte Demokratie aufzuzwingen, gelten die „Menschenrechte".

Artikel 3 - Recht auf Leben und Freiheit

Jeder Mensch hat das Recht auf Leben, Freiheit und Sicherheit der Person.

Artikel 5 - Verbot der Folter

Niemand darf der Folter oder grausamer, unmenschlicher oder erniedrigender Behandlung oder Strafe unterworfen werden.

Artikel 9 - Schutz vor willkürlicher Verhaftung und Ausweisung

Niemand darf willkürlich festgenommen, in Haft gehalten oder des Landes verwiesen werden.

Kommentar:

Guantánamo, die Folterkammern im Irak, die Operation „Gegossenes Blei", die Geheimgefängnisse der CIA und ... und. Die Menschenrechte haben dort keinen Einlass.

Artikel 6 - Anerkennung als Rechtsperson

Jeder Mensch hat überall Anspruch auf Anerkennung als Rechtsperson.

Gilt das auch für Palästinenser?

Artikel 8 - Anspruch auf Rechtsschutz

Jeder Mensch hat Anspruch auf wirksamen Rechtsschutz vor den zuständigen innerstaatlichen Gerichten gegen alle Handlungen, die seine ihm nach der Verfassung oder nach dem Gesetz zustehenden Grundrechte verletzen.

Artikel 11 - Unschuldsvermutung; keine Strafe ohne Gesetz

Jeder Mensch, der einer strafbaren Handlung beschuldigt wird, ist so lange als unschuldig anzusehen, bis seine Schuld in einem öffentlichen Verfahren, in dem alle für seine Verteidigung nötigen Voraussetzungen gewährleistet waren, gemäß dem Gesetz nachgewiesen ist.

Niemand kann wegen einer Handlung oder Unterlassung verurteilt werden, die im Zeitpunkt, da sie erfolgte, auf Grund des nationalen oder internationalen Rechts nicht strafbar war. Desgleichen kann keine schwerere Strafe verhängt werden als die, welche im Zeitpunkt der Begehung der strafbaren Handlung anwendbar war.

Der Staat Israel verhängte das Todesurteil über Vittorio. Wo sind Gerichte, die Ankläger, die Rechtsanwälte dieser israelischen Demokratie? Und bitte jetzt nicht wieder mit der Keule des Antisemitismus zuschlagen.

Vittorios Körper wurde am Freitag, dem 15. April 2011, in einem abgelegenen Haus in Gaza gefunden.

Drei bewaffnete Männer, die der dschihadistischen Gruppe der Salafiten angehören sollten und die sich selbst zur Brigade of the Gallant Companion of the Prophet Mohammad Bin Muslima ernannt haben, hatten im Gazastreifen diesen Aktivisten der Bewegung Free Gaza Movement entführt, der auch Mitglied der International Solidarity Movement war, um von der Hamas, die im Gazastreifen regiert, im Austausch die Freilassung einiger Salafiten zu fordern, die in den Gefängnissen der Hamas in Gaza festgehalten wurden, unter ihnen auch Sheikh Al Saidani (besser bekannt als Abu Walid Al Maqdisi), Führer der Gruppen Tawhid und Dschihad, die der al-Qaida angeschlossen sind. Die Hamas im Gazastreifen geht äußerst streng gegen Terroristen vor - mit den echten, die danach riechen, „im Dienste Israels" zu stehen und deren unmenschliche Taten als Entschuldigung für die zionistischen Vergeltungsmaßnahmen gegen die Bevölkerung von Gaza missbraucht werden.

Wenn wir sagen: 'Die Salafiten der al-Qaida / des CIA / des Mossad haben Vittorio Arrigoni getötet', dann meinen wir es so exakt und so wörtlich, wie wir es gesagt haben.

Wer von der Gruppe Bin Ladens und der al-Qaida als einer revolutionären Gruppe redet, die nur die Interessen des Islam verfolgen würde, macht das entweder wider besseres Wissen oder er ist schlecht informiert oder achtet nicht auf das, was auf dem internationalen geopolitischen Kriegsschauplatz unter Mitwirkung der al-Qaida - Aktionen geschieht: Für uns ist al-Qaida Teil der Zusammenarbeit zwischen den USA mit den israelischen Okkupanten. Seit den Kriegsoperationen in Afghanistan gegen die ehemalige Sowjetunion hat es keine al-Qaida - Aktion gegeben, die nicht politische Besatzung oder kriegerische Auseinandersetzungen nach sich gezogen hätte. Einfacher ausgedrückt: Wenn es die al-Qaida nicht gäbe, dann müssten die Israelischen, US-amerikanischen, Deutschen und sonstige Nachrichtendienste sie erfinden:

Nun abgesehen davon, dass in Gaza niemand diese salafitische Gruppe kennt und auch davon abgesehen, dass staatliche Quellen in Gaza eine derartige operative Gruppe für nicht existent erklärten, also nur eine „Scheinorganisation" ist, die vom israelischen Nachrichtendienst gelenkt wird, um eine Konfliktsituation und eine interne Auseinandersetzung zu provozieren, wobei sie auf Handlanger aus den Reihen des dschihadistischen Fanatismus baut - dann müssen wir uns eines unbedingt fragen:

Warum, aus welchem Grund sollten mysteriöse islamistische Gruppen, die im Konflikt mit der Hamas stehen, einen Italiener entführen, um soweit Druck auszuüben, dass sie die Freilassung von Gefangenen erwirken, die in den Gefängnissen von Gaza festgehalten werden? Das macht keinen Sinn. Um einen derartigen Druck ausüben zu können, müsste man Vertreter der Regierung von Gaza oder islamische Repräsentanten, die der Hamas nahe stehen, entführen. Man könnte andernfalls einen Deutschen entführen, um Druck auszuüben, um die Freilassung von islamistisch-salafitischen Gefangenen zu erzwingen, die sich in Deutschen Gefängnissen befinden. Diese ganze Operation der Entführung ergibt soviel Sinn, wie einen Deutschen zu entführen, um dann die Freilassung eines Chinesen zu erzwingen, der in einem chinesischen Gefängnis festgehalten wird.

Und warum sollte man unter all den internationalen Aktivisten in Gaza ausgerechnet Vittorio Arrigoni entführen? Wollen wir um ein paar Jahre zurückgehen? Vittorio war im

Unterschied zu Engländern, Franzosen und anderen der einzige Zeuge der Operation „Gegossenes Blei“ Blei: Er hatte zuviel gesehen, er sagte zu oft als Zeuge in italienischer Sprache aus. Seine Nachrichten wurden von Zeitungen und Magazinen veröffentlicht, online und auf Papier.

Aber vor allem wurde über ihn von israelischen Milizen die Todesstrafe verhängt, die seit Anfang 2009 darüber im Netz berichtet hatten - angereichert mit Drohungen und absurden zionistischen Aufrufen. Dies ist die Wahrheit.

Übrigens nochmals Menschenrechte

Artikel 17 - Eigentumsgarantie

Jeder Mensch hat allein oder in der Gemeinschaft mit anderem Recht auf Eigentum.
Niemand darf willkürlich seines Eigentums beraubt werden.

Das Eigentum ist also ein Menschenrecht. Was macht eigentlich der israelische Staat ständig, täglich:

Er beraubt die Palästinenser ihres Territoriums.
Als von wegen Menschenrechte.

Der Verlag

Vik Arrigoni

von Paolo Barnard

Ich habe ihn kennen gelernt und ich habe ihn umarmt, als ich eines Abends in Ferrara seine Filme über Gaza sah. In diesen Aufnahmen verwenden er und andere junge Leute der International Solidarity Movement ihre eigenen Körper als Schutzschilde für palästinensische Bauern, die Hunger hatten und versuchten, Chicoree zu ernten, während israelische Soldaten in Körperhöhe auf diese armen Teufel schossen, um sogar noch zu verhindern, dass sie mal satt wurden. Auf diesen Aufnahmen war Vik ein Held und ich weiß, er war es wirklich.

Die Nachrichten melden, dass Vik durch die Hand islamischer Mörder umgebracht wurde. Und sicher wird es ein Kreuzfeuer der Unterstellungen und der Anklagen, der Verschwörungstheorien geben… „Es war die Mossad… der junge Kerl war in dies und das verwickelt... schmutzige Spielchen hinter seinem Tod..." Es kann schon sein, alles kann sein, aber Realität ist, dass Millionen von Menschen nicht über die Titelseiten der heutigen Zeitungen hinaussehen werden, und sicherlich nicht über die Überschrift des Artikels und dieser sagt: „Der arme Kerl hat für sie gekämpft und sie haben ihn umgebracht, wie einen räudigen Hund. Das sind Barbaren, diese Moslems, nichts anderes... In Israel wäre so etwas nicht passiert." In der Perspektive der Bar, des Ladens, des Busses, des Büros und des Einkaufszentrums wird nur dies und nichts anderes wahrgenommen.

Also wiederum diese Masse von Menschen, die wir verzweifelt dazu bringen müssen, endlich dahin zu kommen, Israel als einen kriminellen Schurkenstaat zu sehen, der seit sechzig Jahren ein unschuldiges Volk quält, sie wird schwanken zwischen der falschen Seite, die genau am Ursprung dieser abscheulichen Tragödie steht, die man israelisch-palästinensischen Konflikt nennt.

Vik starb unfreiwillig und dies bestätigt an der Bar, im Laden, im Bus, im Büro und im Einkaufszentrum, dass die Islamisten eben fanatische Dummköpfe sind, nicht einmal dazu fähig, zu unterscheiden, wer sein eigenes Leben opfert, um ihnen zu helfen, und wer ihnen wirklich Böses möchte. Solche Leute verdienen keine Sympathie. Diesen Schluss ziehen die Leute. Keine Enthüllungen und keine Einzelheiten können sie von dieser Meinung abbringen.

Der Veteran unter den Berichterstattern im Mittleren Orient, Robert Fisk, ein angesehener Kritiker der israelischen Verbrechen, erinnerte sich in einem seiner Texte an den an ihn adressierten, hasserfüllten Brief eines pro-zionistischen Lesers, der schrieb: „Du verteidigst diese Hunde, aber eines Tages wird dir einer von ihnen die Kehle durchschneiden, so wie du es verdient hast." So denken Millionen von den ´Freunden´ Israels und so ist es Vik geschehen.

Diese Ironie über sein Ende ist zu unwürdig, dass man noch weiterschreiben könnte. Ein solcher Held verdient so etwas nicht.

Presseerklärung des Zambonverlages, Frankfurt

„Ein italienischer Aktivist einer pro-palästinensischen Gruppe ist wenige Stunden nach seiner Entführung tot aufgefunden worden. Wie die Hamas-Regierung am frühen Freitagmorgen mitteilte, wurde der 36-Jährige bereits kurz nach seiner Entführung am Donnerstagmittag getötet. Er sei „auf furchtbare Weise“ umgebracht worden, sagte ein Sprecher des Innenministeriums. Die Kidnapper hätten die Ermordung des Aktivisten von Anfang an geplant, ein Gefangenenaustausch sei nie angedacht gewesen.“ [2]

Wir sind erschüttert, traurig und wütend. Bei dem 36-Jährigen handelt es sich um unseren Autor des Buches „Gaza-Mensch bleiben“, Vittorio Arrigoni, der sich für die pro-palästinensische Internationale Solidaritätsbewegung (ISM) engagierte.

Ein Sprecher der Hamas-Regierung im Gazastreifen verurteilte die „abscheuliche“ Tat. Die restlichen Mitglieder der Gruppe würden aufgespürt und zur Verantwortung gezogen, sagte er im Fernsehen. Die palästinensische Autonomiebehörde im Westjordanland hatte bereits zuvor die Entführung verurteilt. „Diese Tat hilft der Sache des palästinensischen Volkes nicht - im Gegenteil, sie schadet ihr“, hieß es in einer Erklärung aus Ramallah.[3]

In der Tat, wem hilft dieser Mord an einem Friedensaktivisten, der sich selbst als Pazifist bezeichnete und in Gaza seit 2008 mit friedlichen Mitteln dem palästinensischen Volk half, sich gegen den alltäglichen Terror des israelischen Apartheidstaates zu verteidigen.

2- http://www.welt.de/politik/ausland/article13178991/Islamisten-toeten-italienischen-Aktivisten-in-Gaza.html

3- http://www.google.com/hostednews/afp/article/ALeqM5jB-7HbbWMM7mZoKfvZwU82L3_emjg?docId=CNG.b2c9df593b57e-a130b0c0ba121dd8c7e.331

In einem Video
(http://www.youtube.com/watch?v=gCyA7A4pDXc) erklärt sich eine salafitische Organisation für die Entführung Vittorios verantwortlich. Es soll sich um die Gruppe um den im März in Gaza verhafteten Sheikh Abu Walid-al-Maqdasi handeln. Die Entführer forderten seine Freilassung im Austausch mit Arrigoni. Angeblich hat diese Gruppe Kontakte zu al Qaida.

(The video released by the militant group shows a man with a thick black blindfold and a large bruise on his face. Apparently seated, he is held in front of the camera by an unseen person. In a message on the video, the extremist group demanded that Hamas free its leader, arrested in early March, and two other members whose names had not been previously known. Sheikh Abu Walid-al-Maqdasi, the leader of the group, was arrested in a crowded beachside neighborhood of Gaza City last month. Although Hamas authorities were responsible for locating Arrigoni, Hamas itself is a fundamentalist Islamic group. But it faces challenges from even more extremist offshoots of Islam, including Walid-al-Maqdasi's group, that take inspiration from Al-Qaida and the world jihad movement. Hamas has denied that al-Qaida has a presence in Gaza. http://www.haaretz.com/news/international/abducted-italian-activist-found-executed-in-gaza-hamas-says-1.356099)

Angeblich sollen diese Salafiten keine Palästinenser sein, sondern Fremde, die laut Jerusalem Post über Ägypten nach Palästina gekommen sind.

(The Salafists, who see Hamas as insufficiently zealous in enforcing Islamic law, also have attacked Internet cafes and want Christians expelled. Palestinian and Israeli analysts believe some Gaza-based Salafists are foreigners who slipped in through the neighboring Egyptian Sinai. http://www.jpost.com/MiddleEast/Article.aspx?id=216739)

Unserem Wissen nach handelt es sich um die Gruppe Tawhid Al Jihad, deren Anführer Abu Walid Al Madqisi ist. Sie sollen von Saudi Arabien unterstützt werden. Es sollte uns nicht wundern, wenn hier der CIA in irgendeiner Form mitmischt und sie für seine Zwecke instrumentalisiert.

Die Umstände der Entführung machen uns stutzig. Kurz nach Ablauf der Frist der Entführer wird Vittorio erhängt und mit Folterspuren in einer Wohnung der Verdächtigen gefunden. Das Haus wurde nicht erstürmt. Die Entführer haben offensichtlich auch gar nicht mit der Hamas-Regierung verhandelt, sondern ihr „wertvolles Gut", nämlich Vittorio kaltblütig ermordet. So etwas ist in Entführungsfällen unüblich. Die letzte Entführung gab es in Gaza im Jahr 2007.

Es handelte sich um den Korrespondenten der BBC, der im Juli 2007 durch die Hamas befreit wurde. Der Mord an Arrigoni geschah 3 Stunden vor seiner Entdeckung und 6 Stunden vor Ablauf des Ultimatums. Das macht stutzig. Außerdem fragen wir, warum wurde der Entführte gefoltert? Auch das ist nicht üblich. Was wollte man von ihm wissen? Rätsel über Rätsel...

(Kidnappings of foreigners were common before the Hamas takeover. Most of those abducted were foreign correspondents, including Alan Johnston of the BBC, who was abducted and held for 114 days before being freed in July 2007, just after Hamas overran Gaza, expelling forces loyal to Palestinian President Mahmoud Abbas. http://www.haaretz.com/news/international/abducted-italian-activist-found-executedin-gaza-hamas-says-1.356099)

Wir fragen uns, kann es noch andere Interessierte an diesem Mord gegeben haben? Gab es womöglich Auftraggeber, die ganz woanders sitzen?

4. April 2011

Der Schauspieler und Friedensaktivisten Juliano Mer-Khamis wird in Jenin erschossen.

Es waren unbekannte maskierte Männer, die die tödlichen Schüsse auf Mer-Khamis in Jenin abgegeben hatten.

14. April 2011

Der Friedensaktivist Vittorio Arrigoni wird hingerichtet. Bei den Mördern handelt es sich angeblich um eine Salafiten-Gruppe.

Erst Juliano, dann Vittorio. Alles nur Zufall?
Wir hatten bereits vor Monaten in Erfahrung gebracht, dass Vittorio an erster Stelle auf einer angeblichen Todesliste von radikalen Zionisten steht. Wir fragen uns, wem dienen diese Morde? Bestimmt nicht dem Freiheitskampf des palästinensischen Volkes. Wem aber sonst?

- Die Friedensaktivisten sollen eingeschüchtert und mundtot gemacht werden. Sie sollen das Gefängnis Gaza verlassen, damit niemand mehr über seine Insassen, die Palästinenser, berichtet.

- Die Kriegsverbrechen der Israelis sollen ohne ausländische Öffentlichkeit durchgeführt werden können.

- Die Friedensaktivisten „stören den Frieden", da sie mit ihrem Pazifismus Solidarität mit dem palästinensischen Volk bewirken.

- Und nun töten Palästinenser, natürlich noch „radikalere" als die Hamas, ihre eigenen Sympathisanten. Das Feindbild ist wieder hergestellt. Damit soll und wird in einer nicht informierten Öffentlichkeit Verwirrung hergestellt. So in der Richtung: „Na, da seht ihr ja, was das für verrückte Radikale sind, die ihre eigenen Unterstützer umbringen. Und ihr Sympathisanten seid gewarnt bzw. lasst ab, von eurer Sympathie für Palästina. Verlasst Gaza, sonst werden sie euch noch umbringen."

- Zukünftige Friedensaktivisten sollen erschreckt bzw. eingeschüchtert werden.

- Der Name al-Qaida darf nicht fehlen. Er allein sorgt für einen Dunstkreis von Antipathie. Also, die haben natürlich ihre Finger im Spiel, so der Tenor. Damit wird unterschwellig suggeriert, das al-Qaida ja auch in Palästina „mitmischt". Der 11. September lässt grüßen.

- Gleichzeitig wird der Eindruck vermittelt, wie blutrünstig die Palästinenser sind. „Sollen die sich doch selbst gegenseitig umbringen. Und genauso verhalten sie sich gegenüber dem armen Israel, dass sich immer gegen diese Terroristen verteidigen muss". Das Bild kennen wir, auch aus „Bild".

- Und dazu darf natürlich nicht der „Islam" als Feindbild nicht fehlen. Salafiten sollen am Werk sein. Das Bild rundet sich ab.

Die Morde helfen nur Israel und seiner Propaganda. Sie dienen den Feinden Palästinas.

Daher fragen wir uns: Könnten die Auftraggeber womöglich von dort stammen? Könnten Salafiten unterwandert sein, um Vittorio zu ermorden? Könnte es Agent Provokateurs in den Reihen der Palästinenser geben, die vom Mossad oder jemand anderem gut „bezahlt" werden?

Frankfurt, den 14. 4. 2011
Giuseppe Zambon

Medienhinweise

Web-sites

Vittorio´s Blog
http://guerrillaradio.iobloggo.com/
u. a. Interview auf Italienisch mit Vittorio
http://www.youtube.com/watch?v=SblB2O7AfP4&feature=related
http://www.youtube.com/watch?v=GDAuedAbb-8&feature=related

Ken O´Keefe „Vittorio Arrigoni Kidnapping - Who Benefits? Israel"
http://www.youtube.com/watch?v=5pVb9b0uO90&NR=1

Ken O´Keefe „Vittorio Arrigoni - Humanitarian - Palestinian - Hero - Martyr.."
http://www.youtube.com/watch?v=O6mLAaZaUy4&feature=related

The European Campaign to End the Siege on Gaza
http://www.savegaza.eu/eng/index.php?id=550

International Solidarity Movement
http://palsolidarity.org/2011/04/17723/

„Hamas Condemns Murder of Italian ISM activist"
http://occupiedpalestine.wordpress.com/2011/04/15/hamas-condemns-murder-of-italian-ism-activist/

„Imam of Salafi: The Killing of Vittorio Arrigoni 'had Nothing to do with Islam'„
http://www.allvoices.com/contributed-news/8794041/content/77731909-arrigoni-had-been-living-in-the-gaza-strip-for-much-of-the-past-three-years

International Middle East Media Center
http://www.imemc.org/article/61068?utm_source=twitterfeed&utm_medium=twitter

Palestine News Network
http://english.pnn.ps/index.php?option=com_content&task=view&id=9902&Itemid=56

MondoWeiss
http://mondoweiss.net/

Prof. Jeff Halper, ICAHD
http://www.icahd.org/?p=7195

Haaretz
http://www.haaretz.com/news/international/video-day-i-arrived-in-gaza-was-happiest-of-my-life-1.356176

Palestinian Center for Human Rights
http://www.pchrgaza.org/portal/en/index.php?option=com_content&view=article&id=7380:with-great-shock-and-sorrow-pchr-condemns-murder-of-italian-activist-vittorio-arrigoni-&catid=36:pchrpressreleases&Itemid=194

Palestine Chronicle
http://palestinechronicle.com/news.php?id=f7f34faea11c8c44a0791195626d58ae&mode=details#f7f34faea11c8c44a0791195626d58ae

Occupied Palestine „Vittorio Arrigoni - a Friend, a Brother, a Humanist"
http://occupiedpalestine.wordpress.com/2011/04/15/vik-a-friend-a-brother-a-humanist/
http://occupiedpalestine.wordpress.com/2011/04/15/gazas-candle-light-vigil-for-vittorio-arrigoni-in-pictures/

Press TV
http://www.presstv.ir/detail/174876.html

Occupied Palestine „Symbolic Funeral..."
http://occupiedpalestine.wordpress.com/2011/04/15/gazas-symbolic-funeral-for-vittorio-arrigoni-in-pictures/

This is Gaza
http://thisisgaza.wordpress.com/

BBC-News „Israel Faked Al Qaeda Presence"
http://news.bbc.co.uk/2/hi/middle_east/2550513.stm

Executive Intelligence Review „Mossad Exposed in Phony 'Palestinian Al Qaeda' Caper"
http://www.larouchepub.com/other/2002/2949idf_qaeda.html

Artikel

International Solidarity Movement, ISM confirms the death of Vittorio Arrigoni, 15.4.2011, Al Jazeera World, Staying Human, 29.6.2011

Marco Besana e Ilaria Brusadelli, *Libano: il racconto di Vittorio Arrigoni,* 15.1.2011

Rainer Sinz, Obamas Seiltanz / Friedens- kontra Kriegskultur - *Ein lyrisch-prosaischer Appell an die Vernunft im historischen Abriss seit dem Serbien-Kosovo-Krieg,* Berlin, Pro Business, 2010 - ISBN 9783868057140, s.193

John Hooper, *Vittorio Arrigoni: pacifist supporter of the Palestinian cause,* The Guardian, 15.4.2011

Luca Galassi, *Gaza, eliminate il pacifista Arrigoni,* PeaceReporter, 14.1.2009

Interrogazione parlamentare 4-08476, Sen. Sauro Turroni 776a seduta pubblica, resoconto stenografico, 7.4.2005

Micaela Crippa, *Picchiato da cinque soldati israeliani,* Giornale di Merate, aprile 2005 (ripubblicato dall'autore nel suo blog, il 5.5.2005)

Mario Molinari, *Vittorio Arrigoni, noi testimoni scomodi di crimini di guerra,* SavonaNews.it, 16.4.2011

Pax Christi, *Comunicato stampa,* Peacelink, 27.7.2006

Daniele Biella, *Pacifismo. Il mio sbarco a Gaza,* Vita, 27.8.2008

Vittorio Arrigoni, *Rapito in acque palestinesi,* Il Manifesto, 29 novembre 2008 (ripubblicato dall'autore nel suo blog, 2.12.2008)

Rachele Gonnelli, *Gaza, dalla prigione parla il pacifista italiano agli arresti,* L'Unità, 22.11.2008

Daniele Biella, *Gaza. Un italiano sotto le bombe,* Vita, 30.12.2008

Gaza Stay Human - Vittorio Arrigoni / Introduction by Ilan Pappe Book Review. 28

Francesco Battistini, *Vik, la voce della Striscia contro l'«assedio» di Israele*, Corriere della Sera, 25.4.2011

Pino Cabras, *Vittorio Arrigoni: il blog più seguito in Italia, quando i media scappano dal racconto di Gaza*. Megachip, 17.1.2009

Eleonora Bianchini, *Gaza a Matrix, video da un cellulare: Morgantini contro Capuozzo e Arrigoni minacciato di morte*,
Politica e Societa, 14.1.2009

Gaza guarda con trepidazione alle rivoluzioni arabe, intervista a Vittorio Arrigoni di Nicola Lofoco. medarabnews, 26.2.2011

Terrorist group in Gaza kidnaps Italian rights activist,
Reuters (Jerusalem Post) 14.4.2011

Luca Galassi, *Addio Vik*, PeaceReporter, 15 aprile 2011

Hamas Says It Found Body of Italian Activist,
New York Times, 14.4.2011

Mideast: Radical Palestinian group executes Italian activist,
Adnkronos International, 15.4.2011

Italian activist found dead in Gaza after abduction.
BBC News, 15.4.2001

Kidnapped Italian activist killed in Gaza,
al Jazeera, 15.4.2011

Al Jazeera World, *Staying Human*, 29.6.2011

Vittorio Arrigoni, Kidnapped Italian Activist, Found Dead In Gaza.
Huffington Post, 15.4.2011; der Artikel zitiert Hamas-Sicherheitskräfte

La Repubblica, 18.4.2011

Corriere della Sera, 17.4.2011

Claudio del Frate, In 2.000 ai funerali di Arrigoni, Corriere della Sera, 24.4.2011

Giovanni de Faveri, *Nessun rappresentante del governo per Vittorio Arrigoni,* Corriere della Sera, 24.4.2011

Redazione, *Testimone di Pace: Gaza in „presa diretta" durante la serata di premiazione,* Articolo 21, 2010

Comune di Bologna, *Premio Città di Sasso Marconi,* 16.5.2009

Veröffentlichungen von Vittorio Arrigoni

Vittorio Arrigoni, *Gaza. Restiamo umani. dicembre 2008-gennaio 2009,* Roma, Il Manifesto-Manifestolibri, 2009
ISBN 9788872855843

Vittorio Arrigoni, *Gaza: Stay Human, with an introduction by Ilan Pappe,* Markfield Leicestershire, Kube Publishing Ltd, 2010
ISBN 9781847740199

Vittorio Arrigoni, *Gaza. Seguimos siendo humanos. Diciembre 2008, Julio 2009,* Asociación Soukala 2010 - ISBN 978-84-936189-5-7

Vittorio Arrigoni, *Mensch bleiben, Vorwort von Ilan Pappe,* Frankfurt, Zambon Verlag, 2009 - ISBN 978-3-88975-157-7

Vittorio Arrigoni, *Rester humain à Gaza: Décembre 2008-Juillet 2009, Journal d'un survivant,* Scribest Publications, 2010
ISBN 9782953449617

Vittorio Arrigoni et al., *Palestina: pulizia etnica e resistenza,* Castelfranco Veneto, Zambon, 2010 - ISBN 9788887826517

Vittorio Arrigoni et al., *Missione di inchiesta delle Nazioni Unite sul conflitto di Gaza,* Francoforte sul Meno, Zambon, 2011
ISBN 9788887826623.

Vittorio Arrigoni, *Nascita di Guerrilla Radio,* Guerrillaradio, 23.7. 2004

Vittorio Arrigoni, *Gybo dei giovani di Gaza,* Guerrillaradio, 4.1.2011

Beiträge von Vittorio Arrigoni in: ´il manifesto' (italienische Tageszeitung), PeaceReporter, Radio Popolare, InfoPal

Vittorio Arrigoni: Aufzeichnungen aus Gaza in den Tagen der Bombardierungen während der Operation 'Gegossenes Blei' 2008-2009

Warum ein solches Buch?

Auch mit einem Buch wie diesem, einem Augenzeugenbericht aus der Gaza-Hölle, können wir weder die Opfer der Gewalt wieder lebendig machen, noch die Welt verändern. Aber vielleicht trägt der vorliegende Bericht des jungen Italieners Vittorio Arrigoni dazu bei, dass die Wirklichkeit besser verstanden wird von denjenigen, die sich - in gutem Glauben - mit den Tätern solidarisieren als seien diese die Opfer. Arrigoni war als Mitarbeiter der Organisation *International Solidarity Movement* (i.f. *ISM)* vor Ort in Gaza, als Israel am 27. Dezember durch ein Massenbombardement dort ein Inferno auslöste, im Zuge dessen mehr als 1.400 Zivilisten, darunter viele Frauen und Kinder zu Tode kamen.

Wir möchten den allgemeinen Sprachgebrauch entmystifizieren, der bezüglich des Nahost-Konflikts, der Kämpfe zwischen Israelis und Palästinensern, der Friedensgespräche, des Krieges in Gaza und des Terrorismus, herrscht. Man kann nicht wirklich von einem Konflikt sprechen, sondern nur von einer ununterbrochenen Folge einseitiger Angriffe und der Löschung von ca. 500 palästinensischen Dörfern von der Landkarte ... - was später, nachdem sämtliche Versuche fehlgeschlagen waren(angefangen bei Verhandlungen, über passiven und aktiven Widerstand, Appelle an die Weltöffentlichkeit, Gesuche an die Großmächte) - aus der Verzweiflung heraus auch Selbstmordattentate zur Folge hatte.

Seit der Unabhängigkeitserklärung Israels im Jahre 1948, führt die israelische Armee eine ethnische Säuberungskampagne gegen die Palästinenser unter Einsatz von Gewalt, Plünderungen und Massakern durch.

Es ist stets die Rede von einer angeblichen militärischen Übermacht der "Araber" gegenüber den "armen Juden", die den zahlreichen ringsum lebenden arabischen Völkern angeblich hoffnungslos unterlegen seien. Dabei wird außer Acht gelassen:

- dass Israel von vornherein militärisch, nicht nur organisatorisch und technisch überlegen ist, sondern auch zahlenmäßig an Soldaten eine Übermacht darstellt,
- wie die Israelis im Unterschied zu den Palästinensern von Beginn an eingeschworen und gedrillt waren auf die militärische Eroberung ihres alten/neuen Vaterlandes,
- dass die Israelis zunächst auf die entscheidende militärische Unterstützung Großbritanniens und des Ostblocks (später auch auf die der USA) zurückgreifen konnten,
- dass viele arabische Regierungen Vasallen der westlichen Staaten waren und sind und daher nicht nur weit davon entfernt, sich zu einem arabischen Militärbündnis zusammen zu schließen, das in der Lage sein könnte, die Pläne Israels zu vereiteln, sondern darüber hinaus insgeheim Verbündete Israels waren und sind.

Auch diejenigen, die in gutem Glauben von "Palästina" sprechen und sich für einen autonomen Staat einsetzen, betreiben einen objektiven Betrug gegen sich selbst und gegenüber anderen. Palästina besteht heute nur noch aus einigen Ghettos, einigen Reservaten, und natürlich aus dem durch den Widerstand berühmtberüchtigten Gazastreifen. Friedensgespräche erweisen sich in Wirklichkeit als eine Reihe ununterbrochener Täuschungen (darunter die spektakulären von Oslo), deren einziges Ziel es war, Zeit zu gewinnen und der Weltöffentlichkeit Sand in die Augen zu streuen, währenddessen der eigentliche Gegenstand der Gespräche von Tag zu Tag mehr aus dem Blickfeld verschwindet, dank der militärischen Besetzungen, der „Heldentaten" israelischer Kolonisten und der Requisitionen seitens der israelischen Verwaltung sowie des israelischen Militärs.

Wie kann man in gutem Glauben von einem „Krieg in Gaza" sprechen: bei 1.415 toten. Palästinensern gegenüber sechs toten Israelis? War es nicht vielmehr ein Massaker? Ein Abschlachten? Ein infernalisches Gemetzel?

Und wie ist über diejenigen zu denken, die einfach die Opfer zu Tätern gemacht haben? Wieder und wieder, so wie es auf dem Balkan, im Irak und in Afghanistan geschah. Bundeskanzlerin Angela Merkel ebenso wie auch die palästinensische Scheinregierung des Kollaborateurs Abu Mazen teilen die folgende Auffassung, sie sagen: Die Schuld trägt einzig die Hamas, diese hat den Waffenstillstand gebrochen.

Man muss die Tatsachen gut überprüfen, um zu verstehen, was wirklich dahintersteckt. Es handelt sich hier nicht um eine simple Lüge sondern um etwas viel Schlimmeres. Als sich damals im Dezember 2008 durch die Vermittlung Ägyptens, sowohl die Hamas als auch die israelische Regierung endlich auf einen Waffenstillstand einigen konnten, beendeten die einen ihre Angriffe mit Kassamraketen, die anderen ihre gezielten Hinrichtungen palästinensischer Patrioten. Der Frieden währte einige Wochen.

Er wurde jedoch am 27. Dezember 2008 verletzt, als die israelische Luftwaffe zum x-ten Mal ein blutiges Massaker unter den Palästinensern anrichtete. Die vereinzelten Kassam-Angriffe in Richtung der angrenzenden israelischen Städte nur wenige Stunden später, sind daher nicht die Ursache, sondern lediglich die Reaktion und Antwort auf dieses Massaker. Wer nun die Hamas für die Verletzung des Waffenstillstands verantwortlich macht, behauptet somit, dass es friedlich und normal sei, ein Massaker unter den Palästinensern anzurichten, und dass Frieden herrscht, wenn die Bewohner von Gaza selektiv liquidiert werden.

Nachdem die westlichen Mächte Israel jahrelang mit Kampflugzeugen, Hubschraubern und mit modernstem Kriegsmaterial – Atom-U-Boote, Napalm –, Phosphor – und Splitterbomben – versorgt haben, bietet Deutschland Israel derzeit zusätzlich, aus dem Munde seines Musterkindes Angela Merkel, hochentwickelte Technologie an, um die unterirdischen Versorgungstunnel zwischen Gaza und Ägypten zu orten und zu zerbomben, die wichtigen Lebensadern durch die sich die Palästinenser hauptsächlich mit dem Notwendigsten versorgen. Und alles das geschieht im Namen oder unter dem Deckmäntelchen des Kampfes gegen den "Terrorismus".

Wenn die Bevölkerung in Gaza die Grenze von 2,5 Millionen überschritten haben wird, werden wir eine menschliche Katastrophe erleben. Durch den Wahnsinn des fundamentalistischen Islams werden diese Menschen schließlich Opfer ihrer animalischen Triebe. Der Druck auf die Grenze wird furchtbar sein. Wir werden einen entsetzlichen Krieg erleben. Wenn wir also überleben wollen, werden wir morden müssen, morden und wieder morden. Jeden Tag, an allen Tagen. Wenn wir nicht morden, werden wir aufhören zu existieren. Die einzige Sache, die mich beschäftigt, ist, wie wir garantieren können, dass die jungen und die erwachsenen Männer, die sich mit den Morden auseinandersetzen müssen, es schaffen werden, nach Hause zu ihren eigenen Familien zurückzukehren, um dort wie normale Menschen weiter zu leben.

Arnon Sofer, Professor für Geographie, Universität Haifa

Diese Lizenz zum Töten wird von solchen einflussreichen Stimmen zur öffentlichen Meinung gemacht und erklärt somit auch das Verhalten der israelischen Politik.

Der Verleger

Die "Killing Fields" von Gaza 2009

2004 begann die israelische Armee die Attrappe einer arabischen Stadt in der Negev Wüste zu errichten. Sie hatte die Größe einer richtigen Stadt, mit Straßen (alle mit Namen versehen), Moscheen, öffentlichen Gebäuden und Autos. Errichtet für 45 Millionen Dollar, wurde diese Phantomstadt, nachdem die Hisbollah Israel im Norden zum Rückzug gezwungen hatte, im Winter 2006 zu einem Ersatz-Gaza, damit sich die IDF* auf einen „besseren Krieg" gegen die Hamas im Süden vorbereiten konnte.

Als der israelische Generalstabschef Dan Halutz den Ort nach dem Libanonkrieg besuchte, sagte er der Presse, dass Soldaten „sich auf das Szenario, das sie in der dichten Besiedlungsstruktur von Gaza Stadt vorfinden werden, vorbereiten". Eine Woche vor den Bombardements von Gaza wohnte Ehud Barak einer Probe für den Bodenangriff bei. Ausländische Fernsehteams filmten ihn, während er Bodentruppen beobachtete, die die Kulissenstadt einnahmen, die leeren Häuser stürmten und ohne Zweifel die „Terroristen" töteten, die sich in ihnen versteckten.

2005 wurde Gaza in der öffentlichen Meinung der Israelis zu einem militärischen Ziel, als wäre es eine große feindliche Stellung und nicht ein Ort bürgerlich-menschlichen Lebens. Man sollte Gaza nicht anders behandeln als Barcelona, Brighton, Lyon oder jede andere Stadt auf der Welt, doch für die Israelis wurde es zu einer Attrappenstadt für Soldaten, die dort die modernsten und hochentwickeltsten Waffen testen konnten.

Alles begann, nachdem Israel sich im Sommer 2005 von Gaza „getrennt" hatte und seine Siedler abzog. Sie wurden

* IDF *Israel Defense Forces Israelische Verteidigungskräfte* = das israelische Militär

umgesiedelt um es der israelischen Armee zu ermöglichen, den Streifen zu kontrollieren und scharfe Vergeltungs- und Strafmaßnahmen durchführen zu können, ohne sich über das Schicksal der dort lebenden Siedler Gedanken machen zu müssen. Man hoffte, dass dieser zynische Akt wie eine Friedensgeste aussehen würde, was auch tatsächlich, zumindest für eine Weile, funktionierte.

Doch die Angelegenheit verlief nicht so, wie erwartet worden war. Der Räumung folgte die Machtübernahme durch die Hamas, erst in demokratischen Wahlen, dann mit Hilfe eines präventiven Befreiungsschlags, der unternommen wurde, um die amerikanisch gestützte Übernahme durch die Fatah zu verhindern. Die unmittelbare israelische Antwort bestand darin, eine wirtschaftliche Blockade über den Streifen zu verhängen. Die Hamas übte Vergeltung, indem sie Sderot mit Raketen beschoss und damit Israel einen Vorwand gab, seine Luftwaffe, Artillerie und Kampfhubschrauber einzusetzen. Israel behauptete, nur auf die Gebiete zu schießen, von denen die Raketen abgeschossen wurden, aber in Wirklichkeit bedeutete dies jedweden Punkt in Gaza.

Panzergranaten, die aus der Luft oder vom Meer aus abgeschossen wurden, und brutale feindliche Übergriffe waren an der Tagesordnung. Aber als Israel im Südlibanon im Sommer 2006 an anderer Front besiegt wurde, dehnte die Armee ihre Strafaktionen auf eineinhalb Millionen Menschen aus, die auf den am dichtesten besiedelten 40 Quadratkilometern der Welt leben. Die Vorgehensweise ähnelte mehr und mehr einem Völkermord und die Reaktionen der Hamas wurden immer verzweifelter. Die Eskalation wurde durch die Demütigung der israelischen Armee durch die Hisbollah im Libanon ausgelöst. Die Armee musste ihre Überlegenheit und Abschreckungsfähigkeit zeigen, um ihren Status als die Hauptschutzvorrichtung für das Überleben des jüdischen Staates in einer „feindlichen" Welt zu festigen. Die islamischen Naturen der Hamas und der Hisbollah sowie eine angebliche, jedoch völlig frei erfundene Verbindung der beiden zu Al-Qaida, gestatteten der Armee ein Bild von Israel als Speerspitze im globalen Krieg gegen den Djihad zu zeichnen. Während der Amtszeit von George W. Bush konnte die Tötung von Frauen und Babys in Gaza sogar von der amerikanischen Regierung als Teil dieses heiligen Krieges gegen den Islam akzeptiert werden.

Die völkermordende Politik begann in großem Stil in den Anfangsmonaten des Jahres 2007 und erreichte ihren grauenhaften Höhepunkt im Januar 2009. Bereits 2007 waren die Verluste hoch: dreihundert Menschen wurden in Gaza getötet, dutzende davon Kinder.

Doch sogar schon unter Bush, und erst recht in der Ära nach Bush, verlor der Mythos, den weltweiten Djihad in Gaza bekämpfen zu können, an Glaubwürdigkeit. So wurde 2007 ein neuer Mythos aus der Taufe gehoben: Gaza war ein Terroristennest, fest entschlossen, Israel zu zerstören. Der einzige Weg, die Palästinenser sozusagen zu „ent-terrorisieren", bestand darin, ihnen zu gestatten, in einem Streifen zu leben, der von Stacheldrahtzaun und Mauern umgeben ist. Die Versorgung, wie auch jeder Schritt in und aus dem Streifen, hing von der politischen Entscheidung der Bevölkerung Gazas ab. Sollte sie daran festhalten, die Hamas zu unterstützen, würde sie so lange stranguliert und ausgehungert werden, bis sie ihre ideologische Haltung änderte. Sollte sie sich dieser Art von Politik unterwerfen, die Israel von ihr forderte, würden sie das gleiche Schicksal erleiden, wie die Bevölkerung der West Bank: ein Leben ohne bürgerliche und menschliche Grundrechte. Sie konnten entweder Insassen im offenen Gefängnis der West Bank oder im Hochsicherheitstrakt des Gazastreifens werden. Sollten sie sich widersetzen, würden sie höchstwahrscheinlich ohne Verhandlung inhaftiert oder getötet. So Israels Botschaft.

Dem Volk in Gaza wurde ein Jahr, 2008, Zeit gegeben, um zu einer Entscheidung zu gelangen. Sie stimmten für den Widerstand und die Reaktion war das Massaker im Januar 2009. Gaza wurde zur Attrappenstadt, die schonungslos und mit all der Macht attackiert wurde, die konventionellen Streitkräften für den Kampf gegen Panzerbrigaden und Infanterieabteilungen im offenen Feld vorbehalten ist, aber nicht in von Menschen besiedelten ländlichen und städtischen Lebensräumen eingesetzt werden darf. Gaza wurde damit auch zum Schlachtfeld für die jüngsten Entwicklungen der Waffentechnik, deren Benutzung von der internationalen Gemeinschaft strengstens verboten ist und als Kriegsverbrechen angesehen wird.

Der Widerstand in Palästina ging immer von den Dörfern und Kleinstädten aus; wo sollte er auch sonst herkommen? Deshalb wurden die palästinensischen Städte, Kleinstädte und Dörfer, egal ob Attrappe oder real, seit der arabischen Revolte im Jahr 1936* in der militärischen Planung und den Befehlen als „Feindgebiete" bezeichnet. Jeder Vergeltungsschlag oder jede Strafaktion ist damit verbunden Zivilisten zu treffen, unter denen möglicherweise eine handvoll Menschen sein mag, die am aktiven Widerstand gegen Israel beteiligt sind. Haifa wurde 1948 als Feindeslager betrachtet, wie 2002 Jenin; jetzt werden Beit Hanoun, Rafah und Gaza in dieser Art betrachtet. Wenn man die Waffengewalt besitzt und keine moralischen Skrupel vor der Ermordung von Zivilisten hat, entsteht die Situation, deren Zeugen wir nun in Gaza werden.

Doch die Entmenschlichung der Palästinenser ist nicht nur ein rein militärischer Diskurs. Ein ähnlicher Prozess findet auch in der jüdischen Zivilbevölkerung Israels statt und er erklärt deren massive Unterstützung für das Blutbad in Gaza. Die Palästinenser sind von den israelischen Juden – egal ob Politiker, Soldaten oder gewöhnliche Bürger – dermaßen entmenschlicht worden, dass sie zu töten als ganz natürlich erscheint, so wie 1948 sie zu vertreiben oder später in den besetzten Gebieten einzusperren als natürlich angesehen worden war. Die gegenwärtige Reaktion der westlichen Welt deutet darauf hin, dass die politischen Führer dabei versa-

* Diese Revolte richtete sich gegen die damalige britische Besatzungsmacht; schon 12 Jahre vor der israelischen Staatsgründung war das Land der Palästinenser mithin schon zum Feindesland erklärt worden. AdÜ

gen, die direkte Verbindung zwischen der zionistischen Entmenschlichung der Palästinenser und Israels barbarischer Politik in Gaza zu erkennen. Es besteht die gravierende Gefahr, dass die Fortführung der „Operation Gegossenes Blei" Gaza in eine ähnliche Geisterstadt wie die in der Negev-Wüste errichtete Attrappe verwandeln wird.

So schockierend wir das vorliegende Dokument auch empfinden mögen, muss man sich doch darüber im Klaren sein, wie unberührt es die breite Mehrheit der israelischen Juden lassen würde, sollten sie gewillt sein, dieses enorm wichtige Buch zu lesen und sich damit zu befassen.

Eine der herausragendsten Eigenschaften dieses Buches ist, dass es sich hierbei zuallererst und hauptsächlich um einen Bericht aus dem Mund eines sehr humanistischen und weltoffenen Augenzeugen handelt. Und wer weiß; womöglich kann dieser Blickwinkel ein kleines Fenster öffnen in den verriegelten Köpfen der Israelis und all jener, die sie im Westen so bedingungslos unterstützen.

Ich kam nach einer langen Abwesenheit nach Israel zurück, als der völkermörderische israelische Angriff auf Gaza im Januar 2009 begann. Der Staat verbreitete durch seine Medien und mit Hilfe seiner Akademien eine einhellige Stimme – noch lauter als diejenige, die man schon während des kriminellen Angriffes auf den Libanon im Sommer 2006 gehört hatte. Israel war wieder einmal in einer selbstgerechten Wut entbrannt, die sich in den zerstörerischen Maßnahmen im Gazastreifen äußerte. Diese erschreckende Selbstrechtfertigung für die begangenen Grausamkeiten sowie ihre Straffreiheit war nicht einfach nur enervierend gewöhnlich, sondern sie ist auch ein Thema, das wert ist, länger betrachtet zu werden, wenn man die internationale Lähmung gegenüber dem Massaker, das in Gaza wütet, verstehen möchte.

Sie basiert vor allem auf den reinen Lügen, welche ich einem *Neusprech* übermittelt werden, der an die dunkleren Tage der 1930er Jahre in Europa erinnert. Während des Angriffes auf Gaza beschrieb eine Nachrichtensendung im Radio und im Fernsehen die Opfer in Gaza jede halbe Stunde als Terroristen und ihre massive Tötung durch Israel als einen Akt der Selbstverteidigung. Israel stellte sich gegenüber seinem eigenen Volk als das wahre Opfer dar, welches sich gegen ein großes Übel verteidigt. Die akademische Welt wurde rekrutiert, um zu erklären, wie dämonisch und monströs der palästinensische Kampf war, wenn er von der Hamas geführt wurde. Dies waren dieselben Gelehrten, die den letzten palästinensischen Führer, Yasser Arafat, in einer früheren Ära dämonisiert und seine Fatah-Bewegung während der zweiten palästinensischen *Intifada* für illegitim erklärt hatten.

Aber die Lügen und verdrehten Darstellungen waren nicht das Schlimmste daran. Es war der direkte Angriff auf die letzten Überreste der Menschlichkeit und Würde des palästinensischen Volkes, der am zornigsten machte. Die Palästinenser in Israel haben ihre Solidarität mit dem Volk in Gaza gezeigt und wurden deshalb zur fünften Kolonne im jüdischen Staat gemacht; ihr Recht, in ihrem Heimatland zu leben, erscheint als zweifelhaft aufgrund ihrer fehlenden Unterstützung der israelischen militärischen Angriffe. Diejenigen Palästinenser unter ihnen, die leider zustimmten, in den lokalen Medien aufzutreten - meiner Meinung nach ein Fehler - wurden nicht befragt, sondern verhört als seien sie Insassen des *Shin Bet* Gefängnisses. Ihr Auftritt wurde eingeleitet mit und begleitet von erniedrigenden rassistischen Bemerkungen, und sie wurden beschuldigt, einem irrationalen und fanatischen Volk anzugehören. Und dies war immer noch nicht die niederträchtigste Vorgehensweise. Es gab einige palästinensische Kinder aus den belagerten Gebieten, die wegen Krebs in israelischen Krankenhäusern behandelt wurden. Gott allein weiß, welchen Preis ihre Eltern bezahlt haben, damit sie dort aufgenommen wurden. Das israelische Radio kam jeden Tag ins Krankenhaus, um die armen Eltern darum zu bitten, den israelischen Zuhörern zu erzählen, wie recht Israel mit seinem Angriff hatte und wie schlimm die Hamas in ihrer Verteidigung vorging.

Die Scheinheiligkeit, die durch diesen selbstgerechten Zorn erzeugt wurde, kannte keine Grenzen. Der erratische Diskurs der Generäle und Politiker bewegte sich zwischen der Selbstbeweihräucherung für das menschliche Vorgehen der Armee bei ihren „chirurgischen" Operationen einerseits, und der Notwendigkeit der totalen Zerstörung Gazas – auf humane Art und Weise, selbstverständlich - andererseits.

Dieser selbstgerechte Zorn ist ein ständig zu beobachtendes Phänomen der Israelis, wie zuvor bei den Zionisten während der Enteignung und Besetzung Palästinas. Jede Tat, ob es sich um ethnische Säuberung, Besetzung, Massaker oder Zerstörung handelte, wurde als moralisch gerecht und als ein reiner Akt der Selbstverteidigung dargestellt, der nur zum großen Bedauern Israels in ihrem Krieg gegen die wohl schlimmste Art von Menschen begangen wurde. Von der Linken bis zur Rechten, von Likkud bis Kadima, von der Akademie bis zu den Medien, konnte man diese selbstgerechte Wut eines Staates hören, der mehr als jeder andere Staat auf der Welt damit beschäftigt ist, eine indigene Bevölkerung zu vernichten und zu enteignen.

Es ist von zentraler Wichtigkeit, die ideologischen Ursprünge dieser Haltung aufzudecken und die notwendigen politischen Schlüsse aus ihrer Verbreitung zu ziehen. Dieser selbstgerechte Zorn schirmt die Gesellschaft und die Politiker in Israel von jedem äußeren Tadel oder Kritik ab. Aber noch viel schlimmer, er äußert sich immer in zerstörerischen politischen Maßnahmen gegen das palästinensische Volk, welches in diesem Buch so genau beobachtet, und dennoch so menschlich warm dargestellt wird. Vittorio kam als Freiwilliger des International Solidarity Movement *ISM*, in einem Einsatz zum Schutz der Menschenrechte, um den Menschen in Gaza beizustehen. Er war dort während und nach der Operation „Gegossenes Blei" und somit kommt sein Bericht direkt von den Schlachtfeldern in Gaza, abseits jeglicher medialer Verdrehung und Manipulation. Durch diesen Bericht wird es uns möglich, zu verstehen, wie in den Augen eines jeden israelischen Durchschnitts-Juden, bar jeglicher innerer Form von Kritik und ohne äußeren Druck, jeder Palästinenser zu einem potentiellen Ziel dieser Wut wird.

Bedenkt man die Waffengewalt des jüdischen Staates, kann diese zwangsläufig nur in noch mehr Tötungen, Massakern und ethnischen Säuberungen enden. Vieles von dem, was Sie in diesem Buch lesen werden, handelt von den heldenhaften Anstrengungen von Freiwilligen wie Vittorio, die Menschen in Gaza vor dieser grausamen Aggression abzuschirmen. Aber nur die Palästinenser retten zu wollen, wäre bei weitem zu wenig.

Die Selbstgerechtigkeit ist ein machtvoller Akt der Selbstverleugnung und der Rechtfertigung. Sie erklärt, warum die israelisch-jüdische Gesellschaft nicht durch weise Worte, logische Überzeugung oder diplomatische Gespräche bewegt werden kann. Und wenn man nicht Gewalt anwenden will, um sie zu besiegen, gibt es nur einen Ausweg: dieser Selbstgerechtigkeit frontal als einer schlechten Ideologie zu begegnen, die dazu dient, menschliche Gräueltaten zu verdecken. Ein anderer Name für diese Ideologie ist Zionismus, und eine internationale Beanstandung des Zionismus, nicht speziell der israelischen politischen Maßnahmen, ist der einzige Weg, mit dieser Selbstgerechtigkeit fertig zu werden. Wir müssen nicht nur der Welt, sondern auch den Israelis selbst erklären, dass der Zionismus eine Ideologie ist, die ethnische Säuberungen, Besetzungen und jetzt auch massive Tötungen beinhaltet. Was jetzt gebraucht wird, ist nicht nur eine Verurteilung der gegenwärtigen Massaker sondern auch das Absprechen der Legitimität der Ideologie, die diese Politik erzeugt hat und sie moralisch und politisch rechtfertigt. Lasst uns hoffen, dass maßgebliche Stimmen in der Welt dem jüdischen Staat erklären werden, dass diese Ideologie und das allgemeine Verhalten des Staates nicht zu tolerieren und inakzeptabel sind und dass, solange sie daran festhalten, Israel boykottiert und mit Sanktionen belegt werden wird.

Fast ein Jahr nach dem Massaker haben sich diese Hoffnungen leider noch immer nicht bestätigt. Sogar die Tötung hunderter unschuldiger Palästinenser reichte nicht aus, irgendeinen entscheidenden Wandel in der westlichen öffentlichen Meinung zu bewirken, ganz zu schweigen von der Position der westlichen Regierungen.

Es scheint, dass sogar die grausamsten Verbrechen, solche wie der Genozid in Gaza, als Randerscheinungen behandelt werden, die in keinerlei Verbindung zu Geschehnissen der Vergangenheit stehen, und mit keinerlei Ideologie oder System assoziiert sind.

Ilan Pappe

Guernica in Gaza

27 Dezember 2008

Meine Wohnung in Gaza geht aufs Meer. Der Panoramablick hat mich oft aufgerichtet, wenn ich völlig erschöpft war von der auferlegten Misere des Lebens im Belagerungszustand. Bis heute morgen. Als bei mir vor dem Fenster die Hölle losbrach.

Wir wurden heute früh von Bomben geweckt und viele sind nur wenige hundert Meter von meinem Haus eingeschlagen. Etliche meiner Freunde sind unter den Trümmern begraben.

Im Moment zählen wir 210 Tote, aber diese Zahl wird wohl steigen. Ein beispielloses Blutbad. Sie haben den Hafen planiert und die Polizeistation dem Erdboden gleich gemacht.

Mir wird berichtet, dass die westlichen Medien die Pille geschluckt haben und einmütig die von den israelischen Militärs verbreiteten Kommunikees wiederkäuen, nach denen die Angriffe chirurgisch genau ausschließlich auf die Stützpunkte der Hamas niedergegangen seien.

In Wirklichkeit haben wir im Krankenhaus von Al Shifa, dem größten der Stadt Gaza, die Körper im Hof liegen sehen – einige in Erwartung einer Behandlung, der größere Teil jedoch ohne Zweifel tot – Dutzende davon Zivilisten.

Habt Ihr Gaza vor Augen? Jedes Haus sitzt auf dem anderen auf, jedes Gebäude stützt sich auf ein anderes. Gaza ist der Ort mit der höchsten Bevölkerungsdichte auf der ganzen Welt, weshalb es auch unvermeidbar ist, dass du bei einem Bombenabwurf aus 10.000 Metern Höhe ein Massaker unter der Zivilbevölkerung anrichtest. Du weißt das und nimmst die Schuld auf dich, es handelt sich nicht um einen Fehler, um keinen Kollateralschaden. Und während die Polizeikaserne mitten im Zentrum von Al Abbas in die Luft fliegt, nimmt auch die Grundschule nebenan Schaden durch die Explosionen. Der Unterricht war gerade zu Ende und die

Kinder schon auf der Straße, als Dutzende blauer Schulranzen blutbefleckt durch die Luft flogen.

Bei dem Angriff auf die Polizeischule Dair Al Balah, wurden auch Menschen auf dem nahegelegenen *suq*, dem zentralen Markt von Gaza, getötet und verletzt. Wir sahen das Blut von Tieren und Menschen in Rinnsalen über den Asphalt laufen und sich vermischen. Ein Guernica aus dem Bilderrahmen getreten und in Realität verwandelt. Ich habe viele uniformierte Leichen in den verschiedenen Krankenhäusern gesehen, die ich besucht habe. Ich kannte viele der jungen Männer. Wir grüßten uns jeden Tag auf dem Weg zum Hafen, oder am Abend, wenn ich im Zentrum in die Cafés ging. Einige kannte ich beim Namen. Ein Name, eine Geschichte, ein verstümmelte Familie.

Der überwiegende Teil waren junge Männer, 18-20 Jahre alt, die meisten weder der Fatah noch der Hamas angegliedert: sie hatten sich einfach nach dem Studium bei der Polizei beworben, auf der Suche nach einem sicheren Arbeitsplatz in einem Gaza, das unter der kriminellen Blockade durch die Israelis eine Arbeitslosenzahl von 60% aufweist. Ich kümmere mich nicht um Propaganda, ich lasse meine Augen sprechen, meine Ohren, die dröhnen von dem Geheule der Sirenen und dem Donnern der Explosionen.

Ich habe keine Terroristen gesehen unter den Opfern, nur Zivilisten und Polizisten. Noch tags zuvor hatte ich mit ihnen gescherzt, weil sie sich so eingemummelt hatten gegen die Kälte.

Ich wünsche mir, dass diesen Toten wenigstens durch die Wahrheit Gerechtigkeit widerfahren kann.

Nie haben sie einen Schuss auf Israel abgegeben, es auch nie versucht, weil das nicht ihre Aufgabe war. Sie hatten damit zu tun, den Verkehr zu regeln und die innere Sicherheit zu gewährleisten, umso mehr, als der Hafen weit weg von jeder israelischen Grenze liegt.

Ich habe eine Videokamera bei mir und musste heute einsehen, dass ich ein schlechter Kameramann bin; ich kann keine zermalmten Körper und in Tränen aufgelösten Gesichter filmen. Ich schaffe es einfach nicht. Ich kann es nicht, weil ich dann auch anfangen muss zu weinen. Ich bin zum Blutspenden gegangen in das Krankenhaus Al Shifa, gemeinsam mit anderen vom *International Solidarity Movement* (ISM). Dort erhielten wir einen Telefonanruf: Sara, unsere liebe Freundin, war in ihrer Behausung im Flüchtlingslager von Jabalia vom Splitter einer Bombe tödlich verletzt worden. Eine warmherzige Person mit sonnigem Gemüt, sie war nur kurz für ihre Familie zum Brot holen gegangen. Sie hinterlässt dreizehn Kinder.

Restiamo umani.

Ein langsamer Tod vor unbrauchbaren Zeugen

29 Dezember 2008

In der Luft hängt der beißende Geruch von Schwefel, Blitze teilen den Himmel unterbrochen von grollendem Donner. Mittlerweile sind meine Ohren von den Explosionen taub und meine Augen angesichts der Leichen trocken geweint. Ich befinde mich vor dem Krankenhaus von Al Shifa, dem wichtigsten in Gaza, und gerade ist die schreckliche Drohung zu uns durchgedrungen, dass die Israelis den neuen, noch im Bau befindlichen Flügel beschießen wollen. Das wäre ja noch nichts Neues, denn gestern schon wurde die Klinik Wea'm bombardiert. Zusammen mit einem Medikamentenlager in Rafah, der (zerstörten) islamischen Universität und verschiedenen über den ganzen Gazastreifen verteilten Moscheen. Neben einer Vielzahl von zivilen Einrichtungen. Es scheint, als fänden sie keine „sensiblen" Objekte mehr, und die Luftwaffe und Marine übten ein wenig, indem sie heilige Stätten, Schulen und Krankenhäuser ins Visier nehmen. Jede Stunde hier ist ein 9/11, jede Minute und das Morgen ist immer nur ein Heute der Trauer, der immer gleichen Verzweiflung. Kontinuierlich sind Hubschrauber und Flieger in der Luft, wenn du ihr Licht siehst, bist du schon tot. Es gibt keine Bombenbunker im Gazastreifen, kein Platz ist sicher. Ich kann keinen Kontakt mehr zu Freunden in Rafah aufnehmen; auch die im Norden von Gaza-City erreiche ich nicht. Ich hoffe, dass es nur wegen der überlasteten Leitungen ist. Ich hoffe. Seit 60 Stunden bekomme ich kein Auge zu, ebenso wenig wie alle *gazawi* (Bewohner des Gazastreifens AdÜ).

Gestern habe ich die Nacht mit drei Kameraden vom ISM im Krankenhaus von Al Awda im Flüchtlingscamp von Jabalia verbracht. Wir sind dorthin gegangen, weil ich den lange vorbereiteten Bodenangriff erwartete, der jedoch ausblieb. Aber entlang der gesamten Grenze des Gazastreifens sind die israelischen Panzer in Stellung gebracht, ihre Raupenketten werden sich wohl heute Nacht in tödliche Bewegung setzen. Gegen 23.30 Uhr schlug eine Bombe in ca. 800m Entfernung vom Krankenhaus ein, die Druckwelle ließ einige Scheiben zerspringen, verschlimmerte noch den Zustand der schon verletzten Patienten. Eine Ambulanz kam vorbei gefahren, sie haben eine Moschee bombardiert, glücklicherweise gerade ohne Besucher. Unglücklicherweise – auch wenn es sich nicht um Unglück handelt, sondern um den kriminellen und terroristischen Willen Israels handelt, Massaker unter der Zivilbevölkerung anzurichten – unglücklicherweise also hat die Explosion auch das Nachbargebäude niedergerissen und komplett zerstört.

Aus den Trümmern wurden die Überreste von 6 Geschwistern, alle Mädchen, geborgen; fünf waren tot, eine lebensgefährlich verletzt.

Sie haben die Kinder auf den verkohlten Asphalt gelegt, sie wirkten wie kleine verletzte Puppen, weggeworfen, weil sie zu nichts mehr taugten. Es findet hier kein Versehen [errore] statt, sondern eine gewollte und zynische Gräueltat [orrore]:. Momentan wird von 320 Toten gesprochen zuzüglich ungefähr 1000 Verletzter, von denen nach Auskunft eines Arztes des Shifa Krankenhauses 60% die nächsten Stunden nicht überleben oder aber in den nächsten Tagen in Agonie sterben werden.

Dutzende sind versprengt, in den Krankenhäusern suchen viele Frauen seit zwei Tagen ihre Männer oder ihre Kinder, oft vergeblich. Die Leichenschauhäuser bieten makabere Schauspiele. Eine Schwester erzählte mir, dass eine palästinensische Frau auf der Suche nach ihrem Mann die in den Kühlräumen aufbewahrten Leichenteile durchsuchte und nach Stunden dann in einer abgetrennten Hand diejenige ihres Mannes wiedererkannte. Das war alles, was von ihrem Mann übrig geblieben war, zusammen mit dem Trauring am

Finger, mit dem sie sich ewige Liebe geschworen hatten. Von einem Haus, das von zwei Familien bewohnt wurde und bis auf die Grundmauern zerstört wurde, blieb wenig übrig: nur die unter ihm begrabenen menschlichen Körper. Den Verwandten konnte man einen halben Oberkörper und drei Beine zeigen.

Genau in diesem Augenblick läuft eines unserer Boote vom Free Gaza Movement aus dem Hafen von Larnaca auf Zypern aus. Ich habe mit meinen Freunden an Bord gesprochen. Die Helden; das Boot ist von ihnen vollgestopft worden mit Medikamenten. Sie dürften morgen gegen 8 Uhr im Hafen von Gaza anlegen. Ich werde die ganze Zeit mit ihnen in Verbindung bleiben.

Jemand soll diesen Albtraum anhalten.

Regungslos in Schweigen zu verharren hieße, diesen stattfindenden Genozid zu unterstützen. Ruft unsere Entrüstung in jede Hauptstadt der „zivilen" Welt, übertönt noch unsere Schreie des Schmerzes und Schreckens in jeder Stadt und auf jedem Platz.

Es stirbt ein Teil der Menschheit in frommer Erwartung.

Restiamo umani.

Die Engelfabriken

30 Dezember 2008

Jabalia, Beit Hanun, Rafah, Gaza City, die Etappen meiner persönlichen Landkarte der Hölle. Was auch immer die Spitzen des israelischen Militärs in ihren Kommunikees wiederholen werden, von den europäischen Massenmedien auf allen Kanälen ausgestrahlt, ich war Augenzeuge in jenen Tagen der Bombardierungen auf Moscheen, Schulen, Universitäten, Krankenhäuser, Märkte und Dutzende von Privathäusern.

Der medizinische Direktor des AL Shifa Krankenhauses bestätigte mir, Telefonate von der IDF (das israelische Heer AdÜ) erhalten zu haben, die ihn aufforderten, sofort das Krankenhaus zu evakuieren, anderenfalls werde ein Bombenhagel niedergehen. Er ließ sich nicht einschüchtern. Der Hafen, dort wo ich schlafen müsste – aber in Gaza bekommt man seit vier Tagen kein Auge zu – liegt beständig unter nächtlichem Beschuss. Man hört keine Sirenen sich gegenseitig überholender Krankenwagen mehr, schlicht, weil am Hafen und in der Umgebung niemand mehr lebt, alle sind tot, es ist, als würde man seine Füße auf einen Friedhof nach einem Erdbeben setzen.

Die Situation ist wirklich die einer „unnatürlichen Katastrophe", eine Überschwemmung der palästinensischen Bevölkerung mit Hass und Zynismus wie aus „Gegossenem Blei", das menschliche Körper zerstört und die Palästinenser, anders als vorhergesagt, nur noch mehr zusammenschweißt: Menschen, die sich vorher nicht einmal gegrüßt hätten, da sie unterschiedlichen Fraktionen angehörten, finden sich nun vereint als Opfer einer entsetzlichen Tragödie. Wenn die Bomben aus zehn Kilometern Höhe auf die Erde fallen, keine Sorge, sie unterscheiden nicht zwischen den Flaggen von Hamas und Fatah, die auf den Fensterbänken stehen. Es gibt keine chirurgisch genauen militärischen Operationen: wenn die Luftwaffe und die Marineluftwaffe sich in Bewegung setzen, sind die einzigen chirurgischen Eingriffe die der Ärzte, die den Opfern die zerfetzen Gliedmaßen amputieren ohne einen Moment der Überlegung, auch wenn die Arme und Beine oft erhalten werden könnten. Es herrscht Zeitmangel, alle sind in Eile, die notwendige Behandlung eines ernsthaft verletzten Gliedmaßes könnte das Todesurteil für den nächsten Verletzten bedeuten, der auf eine Transfusion wartet. Im Al Shifa Krankenhaus liegen 600 Schwerverletzte, sie haben aber nur 29 Atemgeräte. Es fehlt an Allem, am meisten an ausgebildetem Personal.

Aus diesem Grund, aus der Erschöpfung über die Untätigkeit und das Schweigen [omertà] der westlichen Regierungen, die dadurch zu faktischen Mittätern bei den Verbrechen Israels werden, haben wir beschlossen, ein kleines Schiff aus Larnaca auslaufen zu lassen, an Bord drei Tonnen Medikamente und medizinisches Personal. Vergeblich wartete ich am Hafen auf sie, um acht Uhr morgens hätten sie einlaufen sollen. Sie wurden neunzig Meilen vor Gaza von elf israelischen Kriegsschiffen abgefangen, welche wiederholt versucht hatten, sie auf dem offenen Meer zu rammen und zu versenken. Sie rammten das Boot drei Mal und verursachten damit eine Havarie des Motors sowie ein Leck im Schiffsrumpf. Aus purem Zufall überlebten die Mannschaft und die Passagiere und es gelang ihnen, im Hafen von Tyrus im Süden des Libanon an Land zu kommen.

Vom ohrenbetäubenden Schweigen der „zivilisierten" Welt immer stärker frustriert, werden meine Freunde bald den nächsten Versuch starten; es ist ihnen gelungen, die Ladung mit Medikamenten von der „Dignity" zu bergen und sie auf ein anderes Boot zu verladen, das bereit steht in Richtung Gaza auszulaufen.

Viele Journalisten bitten mich in Interviews um Berichterstattung zur humanitären Situation der Palästinenser in Gaza, als ob es um ein Problem der Nahrungsmittelknappheit, des Wassermangels, die Stromausfälle oder den Benzinmangel ginge und nicht um die Frage, wer diese Probleme durch das Schließen der Grenzübergänge und die Bombardierung von Elektrizitäts- und Wasserwerken verursacht. Im Krankenhaus von Al Awda in Jabalia habe ich gesehen, wie die Verletzten und Getöteten nicht im Krankenwagen, sondern von Tieren gezogen auf Holzwägelchen angeliefert wurden. Mit Panzern, Jägern, Drohnen und Apache Kampfhubschraubern liegt die größte und stärkste Waffenmacht der Welt im stürmischen Angriff auf eine Bevölkerung, die sich noch auf Eseln fortbewegt wie zu Zeiten von Jesus. Das Zentrum für Menschenrechte „Al Mizan" berichtet, dass im Moment des Schreibens 55 Kinder in die Bombardierungen verwickelt wurden, davon 20 getötet und die anderen 35 schwer verletzt worden sind. Israel hat aus den palästinensischen Krankenhäusern lauter Engelfabriken gemacht und übersieht dabei den Hass, der dadurch in Palästina und der ganzen Welt geschürt wird. Die Engelfabrikanten sind im Dauereinsatz, auch heute Abend, das spüre ich durch das Getöse der Bomben hindurch vor meinem Fenster.

Diese zerstückelten und amputierten kleinen Körper, noch vor dem ersten Aufblühen geerntet, werden für den Rest meines Lebens in meinen Albträumen sein und wenn ich noch die Kraft zum Aufschreiben ihres Endes habe, dann nur, um nach Gerechtigkeit zu suchen sowohl für die, die nun keine Stimme mehr haben, als auch für die, die niemals hören wollten.

Restiamo umani.

Unnatürliche Katastrophe

1 Januar 2009-06-09

Das neue Jahr hat das alte ersetzt, die Aussichten auf Tod und Trostlosigkeit sind geblieben. Noch nie habe ich so viele Bomben in der Nähe meiner Wohnung herunterkommen gesehen. Eine Explosion, weniger als 100 Meter entfernt, hat die ganzen sieben Stockwerke des Gebäudes geschüttelt, es schwankte wie ein wirres Pendel hin und her. Einen Moment lang, dachte ich, es stürzte ein, die Scheiben in den Schränken zerbrachen. Panik, ich betete zu Gott, dass beim Bau des Gebäudes schon Erkenntnisse aus Erdbebenerfahrungen zum Einsatz gekommen seien, war mir aber der trügerischen Hoffnung sehr bewusst, denn ganz Gaza liegt auf einem Erdstreifen, in dem es nie Beben gibt. Das Erdbeben hier heißt Israel.

Ich fahre fort mit meiner verzweifelten Suche nach den Freunden, die nicht mehr am Telefon antworten. Ahmed habe ich bei sich zu Hause gefunden, in einem der wenigen Häuser, die noch stehen im Zentrum des Bezirks Tal Alhawa in Gaza Stadt. Ringsumher eine apokalyptische Szenerie, die an das schiitische Viertel Beiruts nach dem Bombenhagel 2006 denken lässt; Bomben des gleichen Fabrikats und gleicher Herkunft fallen dieser Tage auch auf uns herab. Ahmed geht es gut, auch seiner Verwandtschaft, nur seine Mutter hatte sich am Samstag in großer Gefahr befunden. Sie ist Lehrerin an der Balqees Schule der UN und hielt sich an diesem Tag etwas länger als gewöhnlich im Unterrichtsraum auf, das war ihre Rettung. Als sie an der Bushaltestelle warteten, wurden viele ihrer Studenten unter den Trümmern der Explosionen begraben.

Eine Bombe ist auf Ahmeds Auto gefallen, ein pistaziengrüner Kleinwagen, mit dem wir noch am Abend vorher auf der Suche nach Brot herum gefahren waren in dieser Stadt, in der Mehl mit Gold aufgewogen wird. Endlich hab ich auch Rafiq am Telefon erreichen können, seine tiefe Stimme schien aus einem bodenlosen Fass zu kommen, aus einem Tunnel der Einsamkeit und Verzweiflung, nachdem er gerade erfahren musste, dass drei seiner besten Freunde bei dem Angriff auf den Hafen ums Leben gekommen waren. In einem der letzten geöffneten Cafés im Gazastreifen, das mit Internetanschluss ausgestattet ist (den ich nutze, solange Bomben und Stromversorgung es zulassen) hab ich mit schiefem Grinsen die Nachricht auf meinem Laptop herumgezeigt, in der etwas von einem Toten und 382 Verletzten zu lesen war.

Hierbei handelte es sich nicht um die Anzahl der Opfer der gestrigen Abschüsse von Kassam-Raketen auf Israel, die glücklicherweise gar keine Opfer hinterlassen hatten, sondern um die Zahlen des Massakers, das vom Feuerwerk an jedem Jahresende in Italien hervorgerufen wird. Die von der Hamas sind Grünschnäbel, sagte ich zu meinen Freunden, wenn sie glauben, dass sie mit diesen kunsthandwerklichen Spielzeugen Krieg gegen Israel führen können. Sie sollten einmal eine Fortbildung in Neapel machen, um zu lernen, wie man wirklich tödliche Raketen baut. Als Pazifist und Gewaltfreier verabscheue ich jeglichen Angriff der Palästinenser auf die Israelis, aber wir haben es satt, der immer gleichen Kantilene zu lauschen, nach deren Gesang dieses Massaker unter der Zivilbevölkerung nur die Antwort Israels auf die Abschüsse der bescheidenen palästinensischen „Raketen" sei. Es sei nebenbei bemerkt, dass die Abschüsse der Kassam-Raketen von 2002 bis heute achtzehn Todesopfer auf der israelischen Seite zur Folge hatten, hier haben wir am Samstag in wenigen Stunden in den Krankenhäusern mehr als 250 Tote gezählt.

Ich verlange Bericht von den Teilnehmern des Europäischen Kaffeekränzchens, bei dem der Waffenstillstand ausgehandelt wurde, den Israel dann sofort wieder einkassiert hat, da es in seinen Militärlagern offensichtlich umfangreiche Reserven an Kriegsmaterial zum baldigen Verbrauch besitzt. Alle schütteln mit dem Kopf. Gab es denn wirklich einmal Waffenstillstand, bevor diese wilde Attacke auf eine wehrlose Bevölkerung los ging? Allein im November hat das israelische Militär siebzehn Palästinenser getötet (43 insgesamt seit Beginn des „Waffenstillstandes"). Und schon vorher hatte die illegale Blockade Palästinas mehr als 200 Todesopfer gefordert unter den Kranken, die mit allen Genehmigungen versehen ärztliche Hilfe im Ausland suchten und nun das Land nicht mehr verlassen konnten. Die ohnehin schon schwache Wirtschaft ist durch die kriminelle Blockade völlig am Boden, die Arbeitslosigkeit auf über 60% gestiegen, wodurch 80% der Familien von humanitärer Hilfe leben und abhängig sind. Hilfen, die nur noch mit Mühe den eisernen Vorhang passieren, den Israel um das größte Freiluftgefängnis der Welt gezogen hat: den Gazastreifen.

Aus diesem Café mussten wir dann Hals über Kopf fliehen, nachdem der x-te Drohanruf gekommen war: das Lokal würde innerhalb der nächsten Minuten bombardiert werden.

Gestern, im Flüchtlingslager Jabalia, hat ein F-16 Jagdbomber einen Flugkörper auf einen Krankenwagen abgeschossen, es starben der Arzt, Ihab El Madhoun, sowie sein vertrauter Mitarbeiter und Krankenpfleger, Mohamed abu Hasira. Daraufhin haben wir, die internationalen Vertreter des ISM, heute eine Pressekonferenz angekündigt, die auch vor den Kameras eines sehr beliebten lokalen palästinensischen TV-Senders gehalten werden wird. Um Israel darüber zu informieren, dass wir ab heute Nacht in den Krankenwagen mitfahren werden, um die Ersthelfer zu unterstützen, darauf hoffend, dass unsere Gegenart minimal abschreckend wirken kann auf Israel und die Verbrechen gegen die Menschlichkeit, die es sich zu Schulden kommen lässt.

Manches Mal, wenn wir unter uns sind und zusammensitzen, nimmt das Gespräch eine düstere Wendung, denn wahrscheinlich wird manch einer von uns am Ende dieser schrecklichen Offensive die Zahl der Toten oder Verschwundenen erhöhen. Wir denken nicht darüber nach, wir machen weiter.

Restiamo umani.

Gespenster bitten um Gerechtigkeit

3 Januar 2009

Während ich schreibe, sind die israelischen Panzer in den Gazastreifen eingedrungen. Der Tag begann so, wie der vorangegangene aufgehört hatte, mit der Erde, die kontinuierlich unter unseren Füßen bebt, Himmel und Meer weben ohne Unterlass am Schicksal von mehr als 1,5 Millionen Menschen am Übergang von der Tragödie der Blockade zur Katastrophe der Bombardierungen, die aus der Zivilbevölkerung eine prädestinierte Zielscheibe machen. Mein Blickfeld ist von Flammen eingeschlossen, Kanonenschläge vom Meer aus und Bomben vom Himmel den ganzen Morgen hindurch.

Die Fischerboote, die wir noch bis vor wenigen Tagen aufs offene Meer eskortierten (weit jenseits der von den verbrecherischen und illegalen Besatzern Israels festgesetzten Sechs-Seemeilengrenze), sind zu kleinen glühenden Holzkohlehaufen reduziert worden. Sollte die Feuerwehr einen Löschversuch wagen, wird sie zum Ziel der Maschinengewehre der F-16: das ist gestern schon passiert.

Wenn diese massive Offensive vorüber ist und man die Toten gezählt haben wird, sollte das überhaupt je möglich sein, dann wird man diese Stadt über einer Schuttwüste wiederaufbauen müssen. Die israelische Außenministerin Livni wird der Welt erklären, dass „in Gaza keinerlei humanitärer Notstand herrscht". Offensichtlich kommt die Holocaustleugnung nicht nur in Kreisen des iranischen Präsidenten Ahmadinedjad in Mode. Über eines sind die Palästinenser sich jedoch mit Livni einig (die von Joseph, dem Krankenwagenfahrer, als „Ex-Serienkillerin vom Mossad" bezeichnet wird): die Lebensmittel, die in diesem Monat den Gazastreifen erreichen, haben zugenommen, und zwar, weil im vorangegangenen Monat der Stacheldrahtzaun der Israelis so dicht gewesen war, dass fast nichts in den Streifen passieren konnte. Aber welchen Sinn hat es, frisch gebackenes Brot auf einem Friedhof zu servieren?

Dringend nötig wäre das sofortige Einstellen der Bombardierungen, noch bevor die Versorgung mit Lebensmitteln in die Hand genommen wird. Leichen essen nichts, sie düngen nur noch die Erde, die hier in Gaza durch die Verwesungsprodukte so fruchtbar ist, wie nie zuvor.

Die Bilder der zerfetzten Kinderleichen sollten hingegen die Schuldgefühle derer nähren, die gleichgültig blieben, obwohl sie etwas dagegen hätten unternehmen können. Die Bilder eines lächelnden Obama, der auf Hawaii Golf spielt, waren auf allen arabischen Satellitensendern zu sehen und wurden als Affront empfunden angesichts der Trauer, von der die Länder hier durchdrungen sind. (Hierzulande hat sich jedenfalls nie jemand der Illusion hingegeben, dass einige Hautpigmente ausreichen würden, um die amerikanische Außenpolitik radikal zu beeinflussen).

Gestern hat Israel den Übergang bei Erez geöffnet, um einige Ausländer zu evakuieren, die noch hier im Gazastreifen waren. Wir, die internationale Gruppe des ISM, sind die einzigen, die hier geblieben sind. Um auf Tel Aviv zu antworten, haben wir heute eine Pressekonferenz abgehalten, auf der wir unsere Motivation erklärt haben, die uns dazu zwingt, nicht von hier weg zu gehen. Es widert uns an, dass die Übergänge zwar sperrangelweit geöffnet werden, um ausländische Bürger zu evakuieren, die einzigen möglichen Zeugen dieses Massakers, aber für die Gegenrichtung bleiben die Übergänge gesperrt für die vielen europäische Ärzte und Krankenpfleger, die bereit stehen, um ihren heldenhaften palästinensischen Kollegen unter die Arme zu greifen. Wir gehen nicht, weil wir es für unabdingbar wichtig halten, durch unsere Gegenwart Augenzeugen zu werden für die Verbrechen gegen eine wehrlose zivile Bevölkerung, welche

Stunde für Stunde, Minute für Minute hier begangen werden. Wir sind bei 445 Toten, mehr als 2300 Verletzten, Dutzenden von Vermissten. 73 von Bomben zerfetzte Minderjährige, im Moment, in dem ich schreibe. Israel zählt bislang insgesamt drei Opfer. Wir sind auch deshalb nicht geflohen, wie es unsere Konsulate uns empfahlen, weil wir uns unserer Rolle als menschliche Schutzschilde für die Krankenwagen und Ersthelfer in den Ambulanzen sehr bewusst sind, das könnte sich als lebensrettend erweisen. Auch gestern ist ein Krankentransport in Gaza Stadt beschossen worden, am Tag zuvor sind im Flüchtlingscamp Jabalia zwei Mediziner getötet worden, getroffen von einer Rakete, die von einem Apache Kampfhubschrauber abgefeuert worden war. Meine persönlichen Beweggründe, nicht wegzugehen, sind meine Freunde, die mich gebeten haben, sie nicht zu verlassen. Die, die noch leben, aber auch jene, welche, schon gestorben, nun meine schlaflosen Nächte als Gespenster bevölkern. Ihre durchscheinenden Gesichter lächeln mich immer noch an.

19.33 Uhr, Roter Halbmond - Krankenhaus, Jabalia. Während ich in Telefonverbindung mit den protestierenden Massen in Mailand war, fielen vor dem Krankenhaus zwei Bomben. Die Glasscheiben der Frontseite gingen zu Bruch, wie durch ein Wunder blieben die Krankenwagen unbeschädigt. In den letzten Stunden hat die Intensität und Wucht der Bombardierungen noch zugenommen. Die Moschee Ibrahim Maqadme hier in der Nähe ist gerade unter den Bomben eingestürzt: sie ist die zehnte Moschee in einer Woche. Elf Todesopfer bisher, ungefähr 50 Verletzte. Eine alte Palästinenserin, die ich heute Nachmittag auf der Straße traf, fragte mich, ob die Israelis wieder glaubten im Mittelalter zu sein, nachdem sie nun mit chirurgischer Präzision Moscheen beschössen, es scheine ganz so, als ob sie einen persönlichen Religionskrieg gegen die heiligen Stätten des Islam in Gaza führten.

Noch ein Bombenregen auf Jabalia und dann, am Ende, sind sie eingedrungen. Die Kettenraupen der Panzer, die seit Tagen entlang der Grenze aufgestellt waren, sind in ein Gebiet im Nordosten Gazas vorgedrungen und ebnen die Häuser ein, Meter für Meter. Sie begraben die Vergangenheit und die Zukunft, ganze Familien, eine Bevölkerung, die, 1948 von ihrer eigenen Erde verjagt, keinen anderen Unterschlupf gefunden hatte als eine Baracke in einem Flüchtlingslager.

Sofort sind wir nach Jabalia geeilt, nachdem am Freitagabend eine furchtbare Bedrohung vom Himmel auf die Erde geregnet war. Hunderte von Flugblättern wurden von den israelischen Jägern abgeworfen und verlangten die Räumung des Flüchtlingscamps. Das war dieses Mal leider keine leere Drohung. Am meisten Glück hatten die, welche sich sofort davon machten, die wenigen wertvollen Habseligkeiten schnell zusammengerafft, einen Fernseher, DVD-Player, die wenigen Erinnerungsstücke an ein Leben im besetzten und vor 60 Jahren verlorenen Palästina. Die Mehrzahl fand keinen Platz, wohin sie hätte fliehen können. Sie werden den lebenshungrigen Raupenketten ihre einzige Waffe entgegenhalten, die ihnen geblieben ist; die Würde, mit hocherhobenem Haupt zu sterben.

Meine Genossen und ich sind uns der großen Risiken bewusst, denen wir uns aussetzen, in dieser und in anderen Nächten; aber mit Sicherheit fühlen wir uns hier im Zentrum der Hölle in Gaza wohler, als wir es in den paradiesischen europäischen oder amerikanischen Metropolen je sein könnten, wo die Menschen das neue Jahr feiern und nicht verstehen, wie sehr sie in Wirklichkeit die Komplizen dieses Mordes an unschuldigen Zivilisten sind.

Restiamo umani.

Ärzte mit Flügeln: Arafa Abed Al Dayem R.I.P.

5 Januar 2009

„*An die unschuldigen Menschen in Gaza: unser Krieg ist nicht gegen Euch gerichtet, sondern gegen die Hamas: wenn sie nicht damit aufhören, uns mit Raketen zu beschießen, seid Ihr in Gefahr*". Das ist die Telefonansage, die man zu hören bekommt, wenn man in Gaza in diesen Stunden einen Anruf entgegennimmt. Das israelische Militär verbreitet sie in der irrigen Annahme, dass die Palästinenser weder Augen noch Ohren haben. Keine Augen, um zu sehen, dass die Bomben fast ausschließlich zivile Ziele treffen, Moscheen (fünfzehn, die letzte heute war die Omar Bin Abd Al Azeez in Beit Hanoun), Schulen, die Universität, Märkte, Krankenhäuser. Und keine Ohren, um die Schmerzensschreie der Kinder zu hören, unschuldige Opfer auch sie, dennoch ausgemachtes Ziel eines jedes Bombenangriffs. Laut Quellen aus den Krankenhäusern sind in diesem Moment 120 Minderjährige Opfer der Bomben geworden, von insgesamt 548 Todesopfern und mehr als 2700 Verletzten, dazu kommen viele Dutzende von Vermissten.

Vor zwei Tagen wurde es im Krankenhaus des Roten Halbmondes im Flüchtlingscamp Jabalia nicht mehr Nacht. Vom Himmel warfen Apache Kampfhubschrauber kontinuierlich Leuchtkörper ab, so dass für uns der Übergang zwischen Nacht und Tag nicht mehr erkennbar war.

Der Dauerbeschuss von einem Panzer in weniger als einem Kilometer Entfernung hatte ernstzunehmende Risse in den Mauern des Gebäudes hinterlassen, wir haben dennoch bis zum Morgen darin ausgehalten. Gegen 10 Uhr dann fielen weiße Phosphorbomben auf das angrenzende Gebäude und Maschinengewehrfeuer brach rings umher aus. Die Ärzte des Roten Halbmondes verstanden das als Warnung der

Militärs an uns: sofortige Evakuierung, oder Todesstrafe. Wir verlegten die Verletzten in andere Teile des Krankenhauses und postierten die Notfallambulanz auf die Al Nady Straße: das Personal sitzt auf dem Bordstein und wartet auf die nächsten Einsätze, die in fieberhafter Eile aufeinander folgen.

Zum ersten Mal seit Beginn des israelischen Angriffs habe ich Leichen von Kriegern aus dem palästinensischen Widerstand gesehen. In bescheidener Zahl im Verhältnis zu den zivilen Opfern, deren Zahl nach dem Bodenangriff rapide zugenommen hat. Nach dem Angriff auf die Moschee von Jabalia (zeitgleich mit dem Einrollen der Panzer), der elf Tote und an die fünfzig Verletzte verursacht hat, während wir die ganze Nacht zum Samstag Krankenwagen eskortierten, wurde uns klar, mit welch unglaublicher Zerstörungskraft die Granaten der israelischen Panzer ausgestattet sind. In Bet Hanoun wurde eine Familie, die sich im eigenen Haus am Holzofen wärmte, von einem dieser tödlichen Schüsse erwischt. Wir haben fünfzehn Verletzte eingesammelt, davon vier in hoffnungslosem Zustand. Dann, um drei Uhr morgens, kam noch ein Notruf: zu spät, in Tränen aufgelöst legten uns drei Frauen ein Kind von vier Jahren in die Arme, in ein Laken eingewickelt, ihr Schweißtuch, schon kalt. Noch eine Familie, die es voll getroffen hat, in Jabalia dieses Mal, zwei Erwachsene mit Bombensplittern in ihren Körpern. Die beiden Söhne trugen nur leichte Verletzungen davon, aber in ihren wahnsinnigen Schreien hörte man deutlich das erlebte psychische Trauma, das sie mehr für ihr Leben zeichnen wird, als der Kratzer auf einer Wange. Auch wenn niemand ihnen eine Stimme verleihen wird, sind es doch tausende von Kindern, denen schwerste mentale Störungen drohen durch die erlebten Schrecken der schweren fortdauernden Bombardierungen, oder noch schlimmer, durch den Anblick ihrer von den Bomben zerfetzten Eltern und Geschwister.

Die Verbrechen, mit denen sich Israel gerade beschmutzt, übersteigen jegliche Vorstellungskraft. Die Soldaten lassen es nicht zu, dass den Überlebenden dieser unglaublichen unnatürlichen Katastrophe geholfen wird. Wenn sich die Verletzten in der Nähe der gepanzerten israelischen Fahrzeuge befinden, aus denen sie beschossen wurden, dürfen wir mit den Krankenwagen des Roten Halbmondes nicht in ihre Nähe fahren, denn die Soldaten belegen uns sofort mit Beschuss. Wir benötigen dazu jeweils noch einen Krankenwagen des Roten Kreuzes in Abstimmung mit den Kommandierenden des israelischen Militärs, um eilig zu versuchen, Leben zu retten: versucht Euch einmal vorzustellen, wie viel Zeit es kostet, dieses Vorgehen umzusetzen – ein sicheres Todesurteil für Verletzte, die dringend Transfusionen oder Erste Hilfe benötigen. Umso schwieriger, weil das Rote Kreuz auch die ganze Zeit mit anderen Verletzten schwer beschäftigt ist, sie könnten auf gar keinen Fall auf all unseren Nachfragen eingehen. Es bleibt uns also wenig übrig, als im Krankenwagen darauf zu warten, dass die Familien ihre sterbenden Angehörigen zu uns bringen, oftmals über die Schulter gelegt.

So war es auch heute Morgen gegen 5.30 Uhr, als wir unseren Krankenwagen mitten auf einer Kreuzung mit laufendem Motor abstellten, um einem der Angehörigen über Mobiltelefon unsere Position mitzuteilen. Nach zehn Minuten nervenaufreibenden Wartens, als der Fahrer schon den Gang einlegen wollte, um zum nächsten Notfall zu eilen, sahen wir einen Karren voller Personen, der von einem Esel gezogen um die Ecke kam und sich langsam auf uns zu bewegte. Ein Paar mit seinen zwei Söhnchen. Das beste Bild, um diesen „Nicht-Krieg" zu beschreiben.

Dies ist in der Tat kein Krieg, weil sich keine zwei Mächte an einer Front gegenüberstehen: es ist vielmehr eine einseitige Besetzung durch eine Militärmacht (Flugzeuge, Marine und Heer), die zu den potentesten und mit Sicherheit zu den technisch am fortschrittlichsten ausgestatteten der Welt gehört, welche einen armseligen Streifen Erde von 360km^2 angreift, in dem sich die Bevölkerung noch auf Eseln fortbewegt und die über einen schlecht bewaffneten Widerstand verfügt, dessen einzige Macht darin liegt, bereit zu sein für jede Art von Martyrium.

Als der Karren sich genügend genähert hatte, gingen wir ihnen entgegen und mit Entsetzen sahen wir seine grausige Ladung. Eines der Kinder lag dort mit zerschmettertem Schädel, die Augen, die buchstäblich aus den Höhlen getreten waren, pendelten im Gesicht wie die Stiele einer Krabbe, es atmete noch, als wir es entgegennahmen. Sein Bruder hingegen hatte einen offenen Brustkorb, zwischen den Streifen zerrissenen Fleisches sah man deutlich die einzelnen weißen Rippen. Die Mutter deckte mit ihren Händen den Brustkorb zu, als ob sie reparieren wollte, was die Frucht ihrer Liebe hervorgebracht hatte – und was der Hass eines anonymen Soldaten, der seinen Befehlen gehorchte, für immer zerstört hatte. Noch ein weiteres Verbrechen und unser x-ter persönlicher Trauerfall.

Das israelische Militär nimmt weiterhin die Krankenwagen unter Beschuss. Nach dem Tod des Arztes und des Krankenpflegers vor vier Tagen in Jabalia erwischte es gestern unseren Freund Arafa Abed Al Dayem, der vier Kinder hinterlässt. Gegen 8.30 Uhr gestern früh erreichte uns ein Anruf aus Gaza Stadt, zwei Zivilisten seien von einem Panzer aus mit Maschinengewehrfeuer niedergestreckt worden; einer unserer Krankenwagen vom Roten Halbmond eilte zu der Stelle. Arafa und ein Pfleger trugen die beiden Verletzten zum Wagen und schlossen die Türen, um so schnell wie möglich zum Krankenhaus zu fahren, als sie von einer Haubitze aus einem Panzer voll getroffen wurden. Einer der beiden Verletzten wurde enthauptet und unser Freund starb auf der Stelle; der Pfleger hatte gerade noch Glück und liegt nun in dem Krankenhaus, in dem er sonst arbeitet. Arafa, der Grundschullehrer war, hatte sich als freiwilliger medizinischer Helfer angeboten, wenn Not am Mann war. Unter dem Bombenhagel und in einer so riskanten Situation hatte sich niemand getraut, ihn anzurufen. Arafa war von sich aus gekommen und arbeitete im vollen Bewusstsein der Risiken, davon überzeugt, dass es außer seiner Familie noch andere Menschen gab, die verteidigt und denen geholfen werden musste. Uns fehlen seine Scherze, sein unwiderstehlicher und ansteckender Sinn für Humor, mit dem es ihm gelang, auch den deprimierendsten Situationen ihre dramatische Spitze zu nehmen. Irgendwer muss dieses Blutbad stoppen; ich habe in diesen Tagen Dinge gesehen, Gerüche gerochen und pestartigen Gestank, von denen ich meinen eventuellen zukünftigen Kindern nur sehr schwer werde erzählen können. Sich verlassen und einsam zu fühlen ist genauso trostlos, wie ein Viertel in Gaza nach einem Luftangriff zu Gesicht zu bekommen. Samstagabends riefen mich die Teilnehmer einer Demo aus Mailand an: ich gab das Handy an die Ärzte und Krankenpfleger weiter, mit denen wir arbeiteten und sah, wie sie für einen Moment lang wieder Mut schöpfen. Die Demonstrationen in aller Welt beweisen, dass da jemand ist, an den man glauben kann, nur besitzen sie leider noch nicht die nötige Durchsetzungskraft, um die westlichen Regierungen davon zu überzeugen, die Verbrechen Israels zu unterbinden.

Unglaublich viele Frauen haben durch den Stress des Terrors Frühgeburten in diesen Tagen. Ich habe allein drei zur Geburtsstation begleitet. Eine von ihnen, Samira, im 7. Monat schwanger, hat einen wunderschönen winzigen Sohn mit dem Namen Ahmed zur Welt gebracht. Als ich mit ihr unterwegs war zum Krankenhaus in Auda und im Rückspiegel die Szenen von Zerstörung und Tod sah, an denen wir eben noch die Leichen aufgesammelt hatten, dachte ich für einen Moment, dass dieses neue Lebewesen ein glückliches Zeichen für eine Zukunft voller Frieden und Hoffnung sein könnte. Diese Illusion zerstob mit der ersten neben uns einschlagenden Bombe auf dem Rückweg von Auda in Richtung Jabalia. Diese Mütter Courage setzen Kinder in die Welt, deren erste Eindrücke aus nichts als dem Olivgrün der Militärs, der Panzer und der Jeeps und den Blitzen der Bomben besteht.

Was für Erwachsene werden diese Kinder einmal werden?

Restiamo umani.

al-Nakba*

6 Januar 2009

Ängstlich laufen sie umher mit dem Blick nach oben, fixieren einen Himmel, der Angst und Schrecken über sie ausschüttet, auf einer unter jedem Schritt bebenden Erde, die plötzlich Krater bereit hält, wo vorher Häuser, Schulen, Universität, Märkte und Krankenhäuser waren und für immer alles Leben begräbt. Ich habe Karawanen von verzweifelten Palästinensern auf der Flucht aus Jabalia gesehen, auch aus Beit Hanoun und den anderen Flüchtlingslagern im Gazastreifen, die nun Zuflucht in den überfüllten Schulen der UN suchen, wie Erdbebenopfer. Wie die Opfer eines Tsunami, der täglich aufs Neue über den Gazastreifen und seine Zivilbevölkerung hereinstürzt: ohne Mitleid, ohne irgendeine Rücksicht auf die Menschenrechte, die Genfer Konventionen sind nur noch Altpapier. Und vor allem ohne dass irgendeine der westlichen Regierungen einen Finger krümmt, um dieses Massaker aufzuhalten, medizinisches Personal herzuschicken und diesem Genozid, dessen sich Israel schuldig macht, ein Ende zu bereiten.

Die wahllosen Angriffe auf Krankenhäuser und medizinisches Personal werden täglich fortgesetzt. Gestern, als ich das Al Awda in Jabalia verlassen hatte, erreichte mich ein Anruf von Alberto, einem spanischen Genossen des ISM: eine Bombe hatte das Krankenhaus getroffen. Abu Mohammed, ein Krankenpfleger, wurde am Kopf schwer verletzt. Ausgerechnet er, ein Kommunist, der mir kurz vor der Bombardierung bei einem Kaffee von den heldenhaften Taten der

**al-Nakba*: Katastrophe. Ist der Name, den die Araber dem Exodus des palästinensischen Volkes als Folge der ersten ethnischen Säuberung 1948-1949 gegeben haben. Jedes Jahr wird dieses Datums gedacht, um an die Vertreibung von ca. 800.000 Palästinensern aus ihrer Heimat zu erinnern.

Führer der Volksfront, seinen Idolen, erzählte: George Habbash, Abu Ali Mustafa, Ahmad Al Sadat.

Die Augen hatten ihm geleuchtet, als ich ihm erzählt hatte, dass mir die ersten Begriffe von der unendlichen Tragödie des palästinensischen Volkes aus dem Munde meiner Eltern vermittelt worden waren, überzeugte Kommunisten auch sie. Er hatte mich gefragt, wer die wahrhaft revolutionären Führer in Italiens linker Geschichte gewesen waren und ich hatte mit Antonio Gramsci geantwortet. Und die von heute? Ich hatte mir Zeit genommen für die Antwort, wollte sie ihm heute geben. Nun liegt Abu Mohammed im Krankenhaus, wo er sonst arbeitet, im Koma und erspart sich meine ernüchternde Antwort.

Gegen Mitternacht erreichte mich ein weiterer Anruf, dieses Mal von Eva. Das Gebäude in dem sie sich befand, stand unter Beschuss. Ich kenne dieses Gebäude im Herzen von Gaza Stadt sehr gut, denn es ist der Sitz der wichtigsten Medien und ich habe gerade erst eine Nacht dort zusammen mit einigen befreundeten palästinensischen Fotoreportern verbracht, die versuchen mit Bildern und Texten von der unnatürlichen Katastrophe zu berichten, die uns vor zehn Tagen ereilt hat. *Reuters, Fox news, Russia today* und dutzende anderer lokaler und auswärtiger Agenturen befinden sich unter Beschuss von sieben Raketen, abgefeuert aus einem israelischen Kampfhubschrauber. Es gelang ihnen gerade noch, alle zu evakuieren, bevor es zu ernsthaften Verletzungen kommen konnte: die Kameramänner, Fotografen und Reporter, im Augenblick überwiegend Palästinenser, weil Israel den Zugang für internationale Journalisten gesperrt hat und niemand nach Gaza hinein kommt. Es gibt um dieses Gebäude herum weder „strategische Ziele", noch den Widerstand gegen das Vorrücken der tödlichen gepanzerten israelischen Geländewagen, der viel weiter im Norden stattfindet.

Offensichtlich kann irgendjemand in Tel Aviv überhaupt nicht gut vertragen, dass die Bilder von Massakern unter Zivilisten diejenigen der regelmäßig aufgefrischten *briefings* für die gedungene Journaille überlagern. Mit Hilfe dieser Pressekonferenzen versuchen sie, die Welt davon zu überzeugen, dass das Ziel ihrer Bomben ausschließlich die Terroristen der Hamas sind und nicht die schrecklich verstümmelten Kinderleichen, die wir jeden Tag aus den Ruinen der Häuser ziehen. In Zaytoun, ungefähr zehn Kilometer von Jabalia, ist ein bombardiertes Gebäude über einer Familie eingestürzt, es gab ca. 20 Tote. Die Helfer mussten einige Stunden warten, bevor sie sich dem Gebäude nähern konnten, denn das Militär schoss unaufhörlich weiter.

Sie schießen auf die Ambulanzen und bombardieren die Krankenhäuser. Vor wenigen Tagen hat in einem bekannten Mailänder Radiosender eine israelische „Pazifistin" mir vorbuchstabiert, dass sich in diesem Krieg zwei Gegner gegenüberstehen, von denen jeder alle seine Waffen zum Einsatz bringt. Ich lade Israel hiermit herzlich ein, uns eine seiner vielen geheimen Atombomben auf den Kopf zu werfen, die sie allen atomaren Nichtverbreitungsverträgen zum Trotz angehäuft haben. Sie sollten diese Endlösungsbombe auf uns werfen, damit der unmenschlichen Agonie der tausenden von zerfetzten Körpern in den überfüllten Gängen der Krankenhäuser ein Ende bereitet wird.

Gestern hab ich einige Schwarzweißaufnahmen der Eselskarren gemacht, vollgestopft mit winkenden Kindern, die ein weißes Tuch gen Himmel hielten und dabei blasse und angstverzerrte Gesichter zeigten. Als ich mir heute diese Bilder von Vertriebenen auf der Flucht noch einmal ansah, lief mir eine Gänsehaut den Rücken herunter. Würde man die Bilder von gestern und diejenigen von 1948, die Zeugnis ablegen von al-Nakba, übereinander legen, würden sie perfekt zusammenpassen. Unter dem feigen Stillhalten der Staaten und Regierungen, die sich als demokratisch bezeichnen, findet hier eine neue Katastrophe statt, eine neue ethnische Säuberung, die das palästinensische Volk trifft.

Bis heute morgen werden 650 Tote, davon 153 Kinder, gezählt, dazu mehr als 3000 Verletzte und Dutzende Vermisster. Die Zählung der Toten in Israel bleibt bis jetzt glücklicherweise bei vier stehen. Nach dem heutigen Nachmittag muss die palästinensische Waagschale dramatisch aktualisiert werden, denn das Heer hat damit begonnen, die Schulen der UN zu bombardieren. Genau jene, welche die tausenden von Evakuierten aufgenommen hatten, die unter der dauernden Bedrohung eines Angriffs standen. Sie haben sie aus den Flüchtlingscamps und den Dörfern vertrieben, nur um sie an einem Ort zu sammeln und somit ein bequemeres Ziel zu haben. Heute wurden drei Schulen beschossen. Die letzte war die Al Fakhura in Jabalia, die voll getroffen wurde. Mehr als 40 Tote. In wenigen Momenten hat es Männer, Greise, Frauen und Kinder dahingerafft, die sich hinter den blau gestrichenen Mauern mit dem UNO-Symbol in Sicherheit wähnten. Nun zittern die 20 anderen UNO-Schulen. Es gibt keine Fluchtmöglichkeiten in Gaza, wir sind nicht im Libanon, wo die im Süden lebende Bevölkerung vor den israelischen Bomben in den Norden fliehen kann oder nach Syrien und Jordanien. Aus dem riesigen Gefängnis unter freiem Himmel, genannt Gaza, ist eine tödliche Falle geworden. Man schaut sich verstört an und fragt sich, ob sich der UN-Sicherheitsrat dieses Mal wohl zu einer einstimmigen Verurteilung durchringen kann, nachdem sogar seine Schulen unter Beschuss geraten. Irgendjemand da draußen muss wirklich beschlossen haben, hier eine Wüste zu hinterlassen - und das dann Frieden zu nennen.

Es erwartet uns eine lange Nacht im Krankenwagen, auch wenn in dieser Region jedes Morgen fraglich ist. Die Verstärker der Handynetze sind im ganzen Gazastreifen zerstört worden, wir haben aufgegeben sie zu zählen. Ich hoffe, dass ich meine Freunde, die ich nun nicht mehr hören kann, eines Tages wiedersehen werde, aber ich mache mir nichts vor. Hier im Gazastreifen sind wir alle zu beweglichen Zielen geworden, niemand ausgeschlossen. Eben hat mich das italieni- sche Konsulat kontaktiert, sie werden morgen unsere letzte Mitbürgerin evakuieren: eine alte Ordensschwester, die seit 20 Jahren in der Nähe der katholischen Kirche in Gaza lebt und schon völlig von den Palästinensern im Gazastreifen akzeptiert war. Der Konsul bat mich freundlich, diese letzte Gelegenheit wahrzunehmen und mich der Schwester anzuschließen, um dieser Hölle zu entkommen. Ich habe ihm für sein großzügiges Angebot gedankt, aber ich bewege mich nicht von hier fort, ich kann nicht.

Durch die Trauer, die wir hier durchlebt haben, sind wir alle, ob Italiener, Spanier, Engländer oder Australier zu Palästinensern geworden. Wenn wir alle nur für eine Minute so wären, so wie viele einst Juden waren während des Holocaust, wäre uns, so glaube ich, dieses Massaker hier erspart geblieben.

Restiamo umani.

Steinschleudern gegen weiße Phosphorbomben

7 Januar 2009

„Nimm junge Kätzchen, weiche Miezchen, und stecke sie in eine Schachtel", sagt Jamal, der Chirurg des größten Krankenhauses in Gaza, Al Shifa, zu mir, während ein Pfleger direkt vor uns gerade tatsächlich ein paar blutbefleckte Kartons auf den Boden stellt. „Versiegele den Karton gut und dann spring mit Deinem ganzen Gewicht und aller Kraft auf den Karton, bis Du die Knöchelchen knacken hörst und das letzte Miauen". Entgeistert starre ich auf die Kartons, während der Arzt fortfährt „versuche Dir jetzt vorzustellen, was nach der Sendung einer solchen Szene im Fernsehen los wäre, die gerechterweise ungehaltenen Reaktionen der weltweiten öffentlichen Meinung, die Anzeigen der Tierschützer...."; der Arzt erzählt immer weiter und es will mir nicht für einen Moment gelingen, die Augen von den Kartons zu meinen Füßen abzuwenden. „Israel hat hunderte von Zivilisten in eine Schule eingesperrt wie in eine Kiste, Dutzende Kinder, und dann haben sie die Kiste zertreten mit der Kraft all ihrer Bomben. Und was war die Reaktion der Weltöffentlichkeit? Fast gar keine. Es wäre besser gewesen, als Tier geboren zu werden, denn als Palästinenser; dann wären wir geschützter gewesen".

An diesem Punkt bückt sich der Arzt und öffnet die eine Kiste vor mir. Darin sind zerfetze Glieder, Arme und Beine vom Knie abwärts oder auch mitsamt Oberschenkeln, die den Verletzten der UN-Schule Al Fakhura in Jabalia amputiert werden mussten, bislang hat es mehr als 50 Opfer gegeben. Ich fingiere ein wichtiges Telefonat und verabschiede mich von Jamal, in Wirklichkeit suche ich eine Toilette und übergebe mich. Kurz vorher hatte ich eine Diskussion mit dem Augenarzt, Dr. Abdel, über die seit Tagen unkontrollierbar im gesamten Gazastreifen zirkulierenden Gerüchte, denen zufolge Israel uns mit einem Hagel aus nicht-konventionellen Waffen überziehen will, die von der Genfer Konvention verboten sind. *Cluster bombs* und Bomben aus weißem Phosphor. Genau die gleichen, die das Heer der Tsahal schon im letzten Krieg gegen Libanon und die USA in Fallujah verwendeten, immer unter Verletzung der internationalen Übereinkünfte und Regeln.

Vor dem Krankenhaus Al Awda werden wir Zeugen (und haben es auch gefilmt) des Einsatzes von Bomben mit weißem Phosphor, die ca. 500m von uns entfernt herunterkommen; zu weit entfernt, um erkennen zu können, ob sich Zivilisten unter den Apache Kampfhubschrauber aufhalten, aber fürchterlich nah an uns. Die Genfer Konventionen von 1980 sehen vor, dass weißer Phosphor in zivilen Kriegsbereichen nicht als Waffe gebraucht werden darf, sondern ausschließlich als Raucherzeuger oder zur Illumination. Ohne Zweifel ist es in jedem Fall und von vornherein ein Verbrechen, solche Waffen über Gaza zu verwenden, einem Streifen Erde, in dem sich die höchste Bevölkerungsdichte weltweit befindet.

Dr. Abdel berichtete mir, dass im Krankenhaus Al Shifa nicht genügend militärische und medizinische Kompetenzen zur Verfügung stünden, um zu verstehen, ob die Wunden einiger der untersuchten Leichen von illegalen Waffen hervorgerufen wurden. Nach dem, was er sagt, hat er in 20 Jahren Berufsleben nie zuvor Leichen wie diese gesehen, die in den letzten Stunden gebracht werden. Er erklärt mir Schädeltraumata, Brüche des Pflugscharbeins, der Kiefer, des Jochbeins, des Tränenbeins, der Nase und des Rachens, die darauf deuten würden, dass eine große Gewalt auf das Gesicht des Opfers eingewirkt hat. Was aus seiner Sicht jedoch völlig unerklärbar bleibt, ist das absolute Fehlen der Augäpfel, die auch bei vergleichbaren Traumata an ihrer Stelle hätten bleiben müssen, zumindest in Spuren innerhalb des Schädels. Stattdessen werden in den palästinensischen Krankenhäusern nun Leichen ohne Augen eingeliefert, als wenn jemand sie vor der Ablieferung beim Gerichtsmediziner chirurgisch entfernt hätte.

Israel hat uns wissen lassen, dass es heute eine großzügige Feuerpause an drei aufeinanderfolgenden Stunden geben wird, von 13 bis 16 Uhr. Diese Verlautbarungen der israelischen Militärspitzen werden von der palästinensischen Bevölkerung mit dem gleichen Vertrauen aufgenommen wie jene der Führer der Hamas, wenn sie Erklärungen abgeben zu den vernichtenden Schlägen gegen israelische Soldaten, die sie ausgeführt haben wollen. Nur zur Verdeutlichung: der größte Feind der Soldaten aus Tel Aviv sind die Krieger unter dem Davidsstern selbst. Gestern hatte ein Kriegsschiff vor dem Hafen von Gaza eine Gruppe schwerbewaffneter Krieger des palästinensischen Widerstandes ausgemacht, die sich in einem Pulk um Jabalia bewegten, und das Feuer auf sie eröffnet. Es handelte sich aber um ihre eigenen Mitkämpfer und das Resultat waren demnach drei tote israelische Soldaten und um die 20 Verletzte. An die fahnenschwingenden aber vorgetäuschten Waffenstillstände glaubt hier sowieso keiner mehr, und tatsächlich wurde heute um 14 Uhr Rafah von der Luftwaffe beschossen und in Jabalia gab es das soundsovielte Blutbad unter Kindern: drei Schwesterchen der Familie Abed Rabuh von 2, 4 und 6 Jahren. Eine halbe Stunde vorher, ebenfalls in Jabalia, waren unsere Krankenwagen erneut unter Beschuss genommen worden. Eva und Alberto, meine Freunde vom ISM, die auch mit im Wagen waren, haben den Vorfall auf Video dokumentiert und das Film- und Fotomaterial sofort an die wichtigsten Medien weitergeleitet. Die israelischen Heckenschützen trafen Hassan in ein Bein, der noch immer in Trauer ist um seinen besten Freund, Araf, den vor zwei Tagen während der Ersthilfe an Verletzten in Gaza Stadt erschossenen Arzthelfer. Meine Genossen in dem Krankenwagen des Roten Halbmondes hatten angehalten, um den Körper eines zu Tode Verletzten von der Straße aufzulesen, als sie von etwa zehn Schüssen getroffen wurden. Eine Kugel traf Hassan ins

Bein, die anderen haben den Krankenwagen durchlöchert.

Als wir mit einem der letzten Taxis, das im Zickzack auf halsbrecherische Art den Bomben dieses Schützenfestes auswich, auf dem Weg in das Krankenhaus Al Quds waren, sah ich am Straßenrand eine Gruppe verschmutzter Jugendlicher in zusammengeflickten Klamotten stehen, wie sie die Schuhputzer nach dem Krieg bei uns in Italien trugen. Mit Steinschleudern schossen sie Steine in den Himmel in Richtung eines zu weit entfernten und unerreichbaren Feindes, der mit ihrem Leben ein übles Spiel treibt.

Eine verrückte Metapher, die eine Momentaufnahme der Absurdität dieser Zeiten und dieser Region abgibt.

Restiamo umani.

Überlebende betrachten die Reste ihrer einstigen Wohnung

Der Alltag nach dem Sturm

Eine fast völlig zerstörte Wohnanlage - mithilfe von Präzisionswaffen und chirurgischem Beschuss

Blick aus einem oberen Stockwerk eines nicht völlig zerstörten Hauses

Ein Sanitäter zeigt dem Fotografen Blutspuren im 2. Stockwerk

„Hitzefrei" in einer palästinensischen Schule

Tabula rasa

Bomben überall und in der Mitte weißer Phosphor

Weißer Phosphor regnet auf Zivilisten in der Beit Lahia Girl School der UNO

Wunden durch weißen Phosphor, der sich brennend einen Weg bis zu den Knochen bahnt. Diese Wunden sind kaum zu behandeln.

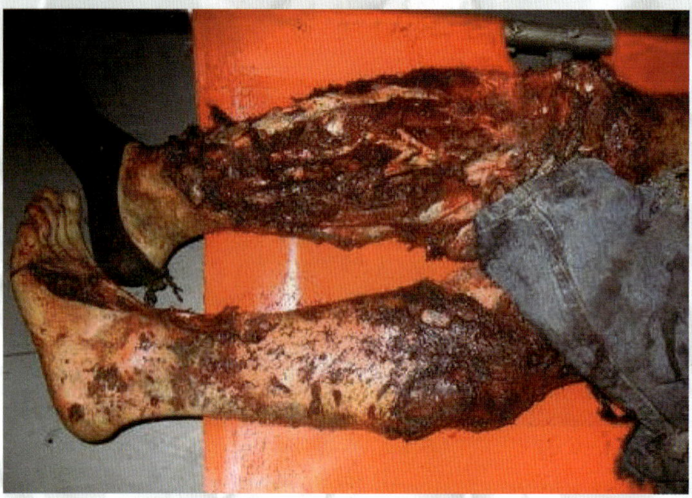

Letzte Ehre für ein getötetes Kind

Verwandte nehmen Abschied
von einer massakrierten Familie

Leichenschau unter freiem Himmel: ein Vater findet
den eigenen Sohn unter den Opfern

Im Auftrag des Heeres produzierte T-Shirts (1 Schuss - 2 Treffer)

Die Engelsfabrik arbeitet auf Hochtouren

„Ich werde mein Land nicht verlassen!"

8 Januar 2009

Zahncreme, Zahnbürste, Rasierklingen und Rasierschaum. Die Kleidung, die ich trage, der Hustensirup gegen den Husten, der mich seit Wochen quält, die Zigaretten für Ahmed, der Tabak für meine Nargileh. Mein Handy, der Laptop, auf dem ich wie ein Irrer tippe, um Zeugnis abzulegen von der Hölle um mich herum. Alles Notwendige für ein bescheidenes und menschenwürdiges Leben in Gaza kommt aus Ägypten und gelangt in die Regale der Läden durch die Tunnel. Dieselben Tunnel, die von den F-16 Jagdbombern in den letzten zwölf Stunden massiv bombardiert wurden, wobei tausende der Häuser von Rafah nahe der Grenze zerstört worden sind. Vor ein paar Monaten ließ ich mir drei übel zugerichtete Zähne reparieren; ich entsinne mich, meinen palästinensischen Zahnarzt am Ende der Behandlung gefragt zu haben, woher er es ihm gelang das ganze zahntechnische Material herzubekommen, wie Betäubungsmittel, Spritzen, Keramikkronen und die Werkzeuge. Duckmäuserisch machte mein Zahnarzt mit der Hand eine Bewegung: von unter der Erde. Es gibt keinerlei Zweifel, dass durch die unterirdischen Gänge unter Rafah auch Waffen und Munition transportiert wurden, die heute vom Widerstand eingesetzt werden, um das Vorrücken der gefürchteten israelischen Panzerwagen zu bremsen, aber sie stehen in keinem Verhältnis zu den Tonnen über Tonnen an Lebensmitteln und Konsumgütern, die in ein kriminell besetztes und zum Hungern verurteiltes Gaza einströmten. Im Internet ist es ein Leichtes, sich Fotos anzuschauen, die dokumentieren, wie sogar Vieh mithilfe der Tunnel über die ägyptische Grenze gelangen konnte. Ziegen und Rinder wurden in

Schlaf versetzt und dann mit Seilen in ägyptische Brunnen herabgelassen um auf dieser Seite wieder aufzutauchen und den Gazastreifen mit Milch, Käse und Fleisch zu versorgen. Auch die großen Krankenhäuser versorgen sich aus diesen Kanälen. Die Tunnel waren für die palästinensische Bevölkerung die einzige Möglichkeit, die Belagerung zu überleben: eine Belagerung, die schon vor den Bombardierungen eine Arbeitslosenquote von 60% hervorgerufen hatte und die 80% der Bevölkerung dazu zwang, von humanitären Hilfsgütern zu leben. Unsere Genossen vom ISM in Rafah beschrieben uns den hundertsten Exodus, dessen Zeugen sie gerade wurden. Karawanen voller Verzweifelter, die auf kleinen Eselskarren und allen nur denkbaren Transportmöglichkeiten ihre Häuser an der ägyptischen Grenze verlassen. Eine Wiederholung des schon Gesehenen, nachdem in den vorangegangenen Tagen Flugblätter vom Himmel gefallen waren, die zur Räumung aufforderten; Israel erfüllt seine Drohungen immer, schon fallen die Bomben.

Die Evakuierten von heute werden die Nacht bei der Familie, Freunden oder Bekannten in Gaza verbringen. Nach dem Massaker von Jabalia traut sich keiner mehr in die UN-Schulen. Sehr viele sind aber gar nicht erst weggegangen, weil sie keinen Zufluchtsort haben, an den sie gehen könnten. Sie werden die Nacht damit zubringen, einen Gott darum zu bitten, ihnen das Leben zu lassen, in Anbetracht der Tatsache, dass kein Mensch sich für ihre Existenz zu interessieren scheint. Bis jetzt sind 768 Palästinenser gestorben, 3129 verletzt worden und 219 Kinder getötet. Die Zählung der toten Zivilisten in Israel liegt glücklicherweise immer noch bei nur vier.

In Zaytoun, dem Viertel im Osten von Gaza Stadt, konnten die Krankenwagen des roten Kreuzes erst nach Stunden zu dem Ort eines Gemetzels vordringen, indem sie sich mit den israelischen Militärspitzen absprachen. Als sie endlich ankamen, fanden sie 17 Leichen und zehn Verwundete, alle von derselben Familie, Al Samouni. Eine perfekte Hinrichtung: in den Leichen der Kinder konnte man sehr gut erkennen, dass sie nicht durch herumfliegende Splitter, sondern von Geschossen getroffen worden waren.

Die letzten beiden Nächte im Krankenhaus von Gaza Stadt waren ruhiger als gewöhnlich, wir mussten nur bei einigen Dutzend Verletzten Hilfe leisten, nicht bei Hunderten. Offensichtlich hatte das israelische Heer mit dem Massaker der UN-Schule Al Fakhura sein wöchentliches Kontingent an toten Zivilisten schon ausgeschöpft, die es seiner Regierung angesichts der bevorstehenden Wahlen vorlegen muss. Wir haben das starke Gefühl, dass sie schon heute Nacht die Leichenschauhäuser wieder zum Überquellen bringen werden. Unter voller Sirene fahren wir weiter Schwangere ins Krankenhaus, die zu früh niederkommen. Es ist, als wenn die Natur, die Erhaltung der Art diese Mütter Courage dazu aufforderten, die Geburt ihrer Kinder vorzuziehen, um die ständig wachsende Zahl der Toten auszugleichen. Wenn sie überleben, übertönt das erste Wimmern dieser Neugeborenen für einen Augenblick das Donnern der Bomben. Leila, eine Genossin vom ISM, bat die Kinder unserer Nachbarn im Haus, ihre Gedanken zu der entsetzlichen gegenwärtigen Katastrophe aufzuschreiben. Hier sind einige Auszüge aus ihren Aufsätzen, die Schrecken des Krieges mit einem reinen und unschuldigen Blick gesehen, dem der Kinder von Gaza.

Suzanne, 15 Jahre: "Das Leben in Gaza ist sehr schwierig. In Wirklichkeit kann man nicht alles beschreiben. Wir können nicht schlafen, wir können nicht in die Schule gehen oder zum Lernen. Wir haben viele Gefühle, manchmal Angst und wir machen uns Sorgen, weil die Flugzeuge und Schiffe 24 Stunden am Tag schießen. Manchmal langweilen wir uns auch, wenn in der Schule kein Licht ist und nur am Abend haben wir vier Stunden lang Strom; dann schauen wir die Nachrichten im Fernseher an. Da sehen wir viele Kinder und Frauen, die verletzt oder tot sind. So erleben wir die Belagerung und den Krieg". Fatma, 13 Jahre: „Das war die schlimmste Woche in meinem ganzen Leben. Am ersten Tag waren wir in der Schule und hatten unsere Prüfung für die ersten drei Monate, dann begannen die Explosionen und viele Schüler wurden getötet oder verletzt und von den anderen hat sicher jeder einen Verwandten oder Nachbarn verloren. Es gibt keinen Strom, kein Essen und kein Brot. Was können wir tun, es kommt durch die Israelis! In der ganzen Welt wird das neue Jahr gefeiert, wir feiern es auch, aber auf andere Art und Weise".

Sara, 11 Jahre: „ Gaza lebt unter einer Blockade, es ist wie ein großes Gefängnis: kein Wasser, kein Strom. Die Leute haben Angst und schlafen nachts nicht und jeden Tag werden neue Personen ermordet. Bis jetzt gibt es mehr als 700 Tote und mehr als 3000 Verletzte. Und die Schüler schrieben gerade ihre Vierteljahres-Examen, da hat Israel die Schulen getroffen, das Kultusministerium und viele andere Ministerien. Jeden Tag fragen die Leute, wann es vorbei sein wird und warten auf mehr Schiffe mit Aktivisten wie Vittorio und Leila". Darween, 8 Jahre: „Ich bin ein palästinensisches Mädchen und werde mein Land nicht verlassen; so werde ich viele Vorteile haben, weil ich mein Land nicht verlassen werde und ich kann die Raketen hören, also werde ich mein Land nicht verlassen". Meriam ist vier Jahre alt und ihre Brüder haben sie gefragt: „Was fühlst Du, wenn Du die Raketen hörst?" Sie hat geantwortet: „Ich habe Angst!", und sofort ist sie zu ihrem Papa gerannt, um sich hinter seinen Beinen zu verstecken.

Gaza ist seit zehn Tagen eingehüllt in traurige Dunkelheit, nur in den Krankenhäusern ist es uns gestattet die Laptops und Handys aufzuladen und zusammen mit den Ärzten und Arzthelfern fernzusehen, während wir auf den nächsten Einsatz warten. In der Ferne hören wir das Donnern der Bomben, wenige Minuten später geben die arabischen Satellitenmedien genau bekannt, wo die Explosionen stattgefunden haben. Oft sehen wir auf dem Bildschirm, wie Leichen aus den Ruinen gezogen werden – als wenn es nicht genug gewesen wäre, das alles live zu sehen. Gestern beim Zappen mit der Fernbedienung landete ich plötzlich bei einem israelischen Fernsehsender. Sie zeigten ein Festival der traditionellen israelischen Musik mit vielen Tänzerinnen in knapper Kleidung und Feuerwerk am Ende. Wir kehrten zurück zu unserem Horror, nicht dem auf dem Bildschirm, sondern dem in den Krankenwagen. Israel hat jedes Recht zu lachen und zu singen, auch wenn es gerade seinen Nachbarn massakriert. Die Palästinenser wünschen sich nur, auf eine andere Art zu sterben, zum Beispiel an Altersschwäche.

Restiamo umani.

Sie haben Hippokrates umgebracht

9 Januar 2009

In Gaza hat ein Erschießungskommando Hippokrates an die Wand gestellt, gezielt und gefeuert.

Die haarsträubenden Erklärungen eines Sprechers der israelischen Geheimdienste, denen zufolge das Heer grünes Licht bekam auf die Krankenwagen zu schießen, weil angenommen werden musste, dass auch Mitglieder des palästinensischen Widerstands in ihnen transportiert würden, wirft ein bezeichnendes Licht darauf, welchen Wert ein Menschenleben für die Israelis hat – das Leben eines Feindes, wohlgemerkt.

Es ist die Mühe wert, sich den Eid des Hippokrates in Erinnerung zu rufen, den jeder Mediziner leisten muss, bevor er beginnt, seinen Beruf auszuüben, insbesondere den folgenden Absatz: „Im Bewusstsein der Wichtigkeit und Feierlichkeit der Handlung, die ich hier vollziehe und der Aufgabe, die ich übernehme, schwöre ich: die Kunst der Medizin auszuüben in Freiheit und Unabhängigkeit von Ansichten und Verhalten; meine Patienten mit derselben Gewissenhaftigkeit und demselben Einsatz zu behandeln, unabhängig von Empfindungen, die sie in mir auslösen aufgrund jeden Unterschiedes von Rasse, Religion, Nationalität, sozialer Herkunft und politischer Ideologie".

Neun Mitglieder der weißen Zunft sind seit Beginn der Bombardierungen ums Leben gekommen, ungefähr zehn Krankenwagen wurden von der israelischen Artillerie beschossen. Die Überlebenden zittern vor Angst, ziehen sich jedoch nicht zurück. Die karmesinroten Blinklichter der Krankenwagen sind die einzigen Lichtblitze, die man zurzeit in den dunklen Nächten in Gaza wahrnehmen kann, von den Blitzen einmal abgesehen, die den Explosionen vorausgehen. Pierre Wettach, der Leiter des Roten Kreuzes Gaza, prangerte an: im Osten von Gaza Stadt in Zaytoun hatten seine Krankenwagen erst 24 Stunden nach dem israelischen Angriff den Zutritt zu dem Ort des Massakers erhalten. Die Helfer erläuterten, welch grauenhaftes Szenario sich ihren Augen bot: „In einem der Häuser waren vier kleine Kinder neben den leblosen Körpern ihrer Mütter. Sie waren zu geschwächt, um sich auf den Beinen halten zu können. Auch ein anderer Mann wurde noch lebend gefunden, war aber auch zu schwach, um auf seinen Beinen zu stehen. Insgesamt fanden wir zwölf Körper auf den Matratzen liegend". Die Zeugen dieses hundertsten Gemetzels erzählen, wie die israelischen Soldaten, nachdem sie in das Viertel eingedrungen waren, die etwa zehn Mitglieder der Familie Al Samouni in ein Gebäude zusammengepfercht und es daraufhin wiederholt mit Bomben beschossen hatten.

Seit Tagen werden meine Genossen vom ISM und ich vielfach angegriffen, wenn wir mit den Krankenwagen des Roten Halbmondes unterwegs sind. Dabei ist es unsere Pflicht, die Kranken und Verletzten einzusammeln, nicht jedoch unverletzte Kämpfende im Krankenwagen mitzunehmen. Und wenn wir am Straßenrand jemanden blutüberströmt auflesen, hat niemand die Zeit, seine Dokumente zu prüfen oder ihn zu fragen, ob er mit der Hamas oder der Fatah sympathisiert. Auch antworten Verletzte und Tote so gut wie nie auf Fragen.

Als wir vor ein paar Tagen einen Schwerverletzten einluden, versuchte gleichzeitig ein anderer Mann in den Krankenwagen einzusteigen, der erkennbar nur sehr leicht oder kaum verletzt war. Wir weigerten uns, ihn im Krankenwagen mitzunehmen, um den Spionen am Himmel eindeutig klarzumachen, dass wir nicht als Taxi zum Transport der Mitglieder des Widerstands dienen. In Gaza City im Al Quds Krankenhaus tauchte in der vergangenen Nacht Miriam auf, ein 17jähriges, von Wehen gequältes Mädchen. Am Morgen vorher wurden im selben Krankenhaus die Leichen ihres Vaters und ihrer Schwägerin abgeliefert, die ebenfalls Opfer einer der vielen wahllosen Bombardierungen von Zivilisten geworden waren. In dieser Nacht schenkte Miriam einem schönen Kind das Leben, sich der Tatsache unbewusst, dass, während sie im Kreissaal lag, einen Stock tiefer auch ihr junger Ehemann eingetroffen war - in der Leichenhalle.

Am Ende hat sogar die UNO gemerkt, dass hier in Gaza alle auf demselben Präsentierteller leben und jederzeit ein bewegliches Ziel für die Heckenschützen darstellen. Wir sind bei einer Zählung von 789 Todesopfern angekommen, 3300 Verletzte, davon schweben 410 in Lebensgefahr, 230 getötete Kinder und nach wie vor viele Dutzende Vermisste und Versprengte. Die israelischen zivilen Kriegsopfer sind immer noch nur vier, glücklicherweise. Durch den Sprecher der UNRWA (Vertretung der UNO für die palästinensischen Flüchtlinge) John Ging haben die Vereinten Nationen die Aussetzung ihrer humanitären Hilfen für den Gazastreifen angekündigt. Ich habe Ging in den Büros der Nachrichtenagentur Ramattan getroffen, wo er erzürnt seinen Zeigefinger anklagend gegen Israel in die Fernsehkameras hielt. Die UNO stellt ihre Aktivitäten in Gaza ein, nachdem gestern zwei ihrer Mitarbeiter umgebracht wurden, die Ironie des Schicksals wollte, dass das ausgerechnet in der wie üblich angekündigten dreistündigen Feuerpause passierte, die Israel nicht respektierte. „Die Zivilbevölkerung in Gaza hat täglich 3 Stunden Zeit zum Überleben, die restlichen 21 Stunden stehen den israelischen Soldaten zur Verfügung, um sie auszurotten" – das habe ich Ging zwei Schritte von mir entfernt aussprechen gehört. Aus Jerusalem schreibt mir Yasmine, die Frau eines der vielen Journalisten, die am Grenzübergang in Erez Schlange stehen in Erwartung eines Passierscheines, der weiterhin von Israel verweigert wird. Es ist verboten, von diesem Massaker aus dem Land heraus zu berichten. Dies sind ihre Worte: „Vorgestern fuhr ich hin, um mir Gaza von außen anzusehen. Die Journalisten aus aller Welt sind ein paar Kilometer von der Grenze auf einem Sandhügelchen zusammengedrängt. Dutzende von Fernsehkameras sind auf Euch gerichtet. Man hört Flugzeuge über uns fliegen, die man jedoch nicht sehen kann, sie scheinen eine mentale Illusion – bis man den schwarzen Rauch am Horizont aufsteigen sieht. Der Hügel ist auch eine Art Touristenattraktion geworden für die Israelis aus der Umgebung. Mit starken Ferngläsern und Fotoapparaten ausgestattet kommen sie, um die Bombardierungen live zu erleben".

Während ich diese Korrespondenz abtippe, schlägt im Nachbargebäude eine Bombe ein. Die Fensterscheiben zittern, die Trommelfelle schmerzen, ich gehe zum Fenster und sehe, dass sie das Gebäude getroffen haben, in dem die wichtigsten arabischen Medien konzentriert sind. Es ist eines der höchsten Gebäude in Gaza Stadt, der Al Jaawhara Building. Auf dem Dach befindet sich ständig ein Kamerateam, ich sehe, wie sich sie am Boden winden und mit den Armen nach Hilfe winken, eingehüllt in schwarzen Rauch. Arzthelfer und Journalist sind die heldenmütigsten Berufe in diesem Zipfel der Welt.

Gestern hab ich im Al Shifa Krankenhaus Tamim besucht, einen Reporter, der einen Luftangriff überlebt hat. Er erklärte mir, wie seiner Meinung nach Israel dieselben terroristischen Methoden und Techniken anwendet, wie Al Qaida: erst wird ein Gebäude bombardiert, dann wartet man das Eintreffen der Krankenwagen und Journalisten ab, und dann wird noch ein Bombe geworfen, die auch die zuletzt eingetroffenen noch massakriert. Nach seinem Dafürhalten ist dies der Grund für die vielen Opfer unter medizinischem Personal und Journalisten; die umstehenden Krankenpfleger nicken mit den Köpfen Zustimmung. Lachend zeigte er mir seine Beinstümpfe. Er hat zwar die Beine verloren, aber nicht das Leben, wie sein Kollege Mohammed, der von einer zweiten Bombe getötet wurde, während er fotografierte. In der Zwischenzeit hab ich erste Informationen gesammelt: durch die gerade gefallene Bombe im Nachbargebäude sind zwei Journalisten verletzt worden, beide Palästinenser, der eine vom *Libyan TV,* der andere von *Dubai Television*. Ein weiterer Wink mit dem Zaunpfahl von denen, die fordern, dass von diesem Massaker an der Zivilbevölkerung in keiner Weise berichtet wird. Ich kann nur noch hoffen, dass in der Zentrale der israelischen Militärführung niemand *Il manifesto* liest und auch niemand dort meinen Blog besucht.

Restiamo umani.

Totale Zerstörung: Achtung Bauarbeiten!

10 Januar 2009

Einige palästinensische Familien haben uns Flugblätter ausgehändigt, die in den letzten Tagen vom Himmel fielen, anstelle von Bomben abgeworfen von der israelischen Luftwaffe. Flugblatt Nr.1, aus dem Arabischen übersetzt: „An alle in diesem Gebiet ansässigen Personen. Auf Grund der terroristischen Aktionen, mit denen die in Ihrer Gegend lebenden Terroristen Israel angreifen, sehen sich die israelischen Verteidigungskräfte gezwungen, sofort zu reagieren und auch in Ihrer Gegend aktiv zu werden. Wir fordern Sie zu Ihrer Sicherheit auf, das Gebiet sofort zu verlassen. Die Israelischen Verteidigungskräfte". In der Praxis gehen die israelischen Soldaten von Haus zu Haus und hängen Schilder an die Haustüren „Achtung Bauarbeiten!", bevor sie ganze Viertel ausradieren und Lebensentwürfe für jetzt und immer beenden. Unter Tonnen von Schutt begraben auch diejenigen, die keinen Ort zum Auswandern haben.

Vor kurzem haben sie uns den Abwurf neuer Flugblätter gemeldet, auf denen der „Beginn der dritten Phase des Kriegs gegen den Terrorismus" angekündigt wird. Sie sind wirklich höflich, diese israelischen Soldaten; sie bitten die Bevölkerung in Gaza erst um Mithilfe, bevor sie sie zertreten wie Insekten. Wenn die Flugblätter nicht überzeugend genug wirken, übernimmt die Luftwaffe das „sanfte" Anklopfen an die Dächer der Häuser in Gaza. Es gibt eine neue Vorgehensweise in den letzten Tagen, die herunterregnenden Bomben sind ein kleines bisschen weniger zerstörerisch, immer noch genug, um die Dächer der Häuser abzudecken und die Bevölkerung zur Evakuierung einzuladen. Nach zwei bis drei Minuten kommen sie noch einmal und dann bleibt nichts mehr von einem Gebäude übrig. Evakuieren, aber wohin? Es gibt keine sicheren Orte im ganzen Gazastreifen, ich persönlich habe immer mehr Angst um mein Leben, wenn ich im Krankenwagen unterwegs bin oder wenn ich an einer Schule oder einer Moschee vorbeilaufe – als vor einem der Regierungsgebäude, die noch stehen. Gestern Nacht, in 20 Metern Entfernung von meinem Haus, haben die Israelis die Feuerwache zerstört. Heute habe ich entdeckt, dass die Straße parallel zum Hafen drei meter tiefe Krater hat, als ob es Meteoriten geregnet hätte wie in einem Science Fiction Film. Der Unterschied besteht darin, dass die Spezialeffekte hier richtig weh tun.

Wenn man in den Gängen des Al Shifa Krankenhauses unterwegs ist, die von Verletzten Wartenden überfüllt sind, kann einem ein Mediziner begegnen, der unverkennbar kein arabisches Äußeres hat: das ist Mads Gilbert, ein Norweger der NGO Norwac. Gilbert ist Anästhesist und bestätigt den Verdacht des Einsatzes von verbotenen Waffen von Israel gegen die Zivilbevölkerung im Gazastreifen: „Viele der Verletzten treffen mit schwersten Amputationen ein, mit beiden völlig zermalmten Beinen; ich vermute, dass diese Art der Verletzungen nur durch DIME-Munition* hervorgerufen werden kann". Darüber hinaus zeigt Navi Pillay, Hochkommissar für Menschenrechte der UNO, „schwerste Menschenrechtsverletzungen, die Kriegsverbrechen darstellen können" an.

Das letzte dieser Verbrechen fand vor wenigen Stunden im Osten von Jabalia statt: die Familie von Abed Rabbu war zum Einkaufen von Lebensmitteln in einem der letzten noch geöffneten kleinen Lädchen, als dieses bombardiert wurde: acht Todesopfer, zehn Schwerverletzte. Der generelle Ein-

* DIME- Munition: Dense Inert Metal Explosive ist eine neuartige Bombe, die einen Kopf aus Kohlefasern und Epoxidharzen besitzt, und auch Wolfram beinhaltet. Diese Bombe ist konzipiert für den innerstädtischen Kampf und soll den größtmöglichen Schaden am beschossenen Ziel verursachen.

druck ist der, dass Israel es langsam angehen lässt, die Bomben fallen in stetigem Rhythmus und die Bodentruppen rükken nur langsam vor. Die Soldaten haben keine Probleme, sich die K-Rationen zu beschaffen, die militärischen Nahrungsrationen, ganz im Gegensatz zu den Leuten in Gaza, die nicht einmal mehr Brot finden. Nachdem den Bäckern die Grundrohstoffe ausgehen, haben sie nun damit begonnen, Mehl mit Tierfutterge- treide zu mischen, um daraus Brotlaibe zu formen. Wahlweise kann man sich auch von dem ernähren, was hier Penizillinbrot genannt wird. Brot aus der Produktion der vorangegangenen Wochen, grün von Schimmel. Über einem kleinen Feuer aus Holzresten aufgewärmt ist es, das sei versichert, keine wirkliche Delikatesse. Israel verbreitet weiterhin Luftaufnahmen, insbesondere über das Internet, die zu beweisen vorgeben, wie genau und gezielt die Angriffe auf „Terroristen" oder hypothetische Waffen- und Sprengstofflager sind. Die sehr hohe Zahl an Zivilopfern allein reicht aus, um diese Videos zu widerlegen.

Ich frage mich, wie Israel sich selbst als zivil und demokratisch definieren kann, wenn, um einen Feind aufzustöbern und zu töten, der sich in einem Wohngebäude versteckt hat, das israelische Heer keinen Moment zögert das gesamte Gebäude niederzureißen und dutzende Unschuldiger darunter zu begraben. Denkt einmal für einen Augenblick nach; es wäre so, als ob das italienische Heer damit begönne, das Zentrum von Palermo unter schweren Beschuss zu nehmen, um dort einen gefährlichen Mafiaboss zu erwischen.

Momentan werden 821 tote Palästinenser gezählt, 93 davon Frauen, 235 Kinder, 12 Krankenpfleger bei der Erfüllung ihrer Pflicht, drei Journalisten. Wohl 3.350 Verletzte, davon mehr als die Hälfte Minderjährige. Den Angaben des Mezan-Zentrums für Menschenrechte zufolge, das für seine Verlässlichkeit bekannt ist, beträgt der Anteil an zivilen palästinensischen Todesopfern 85% der Gesamtsumme der Toten.

Die Zählung der zivilen israelischen Opfer liegt glücklicherweise nach wie vor stabil bei 4.

Wenn es die Vereinten Nationen nicht schaffen, die Zivilbevölkerung vor den massiven Verletzungen der internationalen humanitären Verpflichtungen durch Israel zu schützen, werden es meine Freunde vom Free Gaza Movement versuchen, die in ein paar Tagen bereit sein werden zur Einschiffung in den Gazastreifen. Sie sind Ärzte, Krankenpfleger und Menschenrechtsaktivisten, deren erklärte moralische Pflicht darin besteht, alles Menschenmögliche zu unternehmen, um für einige Maßnahmen des Schutzes zu sorgen. Sie hatten schon am Dienstag den 31. Dezember versucht, von Bord der „Dignity" hier an Land zu gehen, aber die israelische Marine hatte unser Schiff in internationalem Gewässer gerammt und versucht zu versenken, was im Anschluss als „Unfall" bekannt gegeben worden war. Ich werde meine Freunde und ihre Fracht aus humanitären Hilfsgütern in den Trümmern dessen, was vom Hafen noch übrig ist, erwarten und hoffe sehr, dass sich nicht wieder in den internationalen Gewässern irgendwelche „Unfälle" ereignen.

Das zweite von uns übersetzte Flugblatt, das vom Himmel regnete, ist ein wahres Bonbon (beide Flugblätter können auf Fotografien angesehen werden auf der Internetseite http://guerrillaradio.iobloggo.com/): *„An die Bürger von Gaza. Ergreift die Verantwortung für Euer Schicksal! Die Terroristen in Gaza und jene, die Raketen auf Israel schießen, stellen eine Bedrohung für Euer Leben und das Eurer Familien dar. Alles, was Ihr tun müsst, wenn Ihr Eurer Familie und Euren Brüdern in Gaza helfen wollt, ist, die untenstehende Telefonnummer anzurufen und uns Informationen über die Aufenthaltsorte zu geben, an denen sich die Verantwortlichen für die Raketenabschüsse sowie die terroristischen Milizen befinden, die Euch zu den ersten Opfern ihrer Gefechte machen. Eure Verantwortung ist jetzt, die Ausführung dieser Gräueltaten zu verhindern. Zögert nicht! Totale Diskretion wird garantiert. Unter der folgenden Nummer könnt Ihr uns kontaktieren: 02-5829749. Oder Ihr schreibt uns an diese E-Mail Adresse; dort könnt Ihr uns jede Information, die Ihr über jegliche terroristische Aktivität habt, mitteilen: helpgaza2008@gmail.com. Die Israelischen Verteidigungskräfte".*

Ich fordere alle jene auf, die mir schreiben, um ihre Solidarität zum Ausdruck zu bringen, ihre Entrüstung über die Tragödie, die wir erleiden, weiterhin zu demonstrieren und eine Lanze für die Menschenrechte zu brechen. Solltet ihr dann noch fünf Minuten Zeit und eine Telefonmünze haben, könnten die Hinweise aus dem letzten Flugblatt für Euch hilfreich sein, wenn Ihr denen Eure Meinung sagen wollt, die aus der Luft, vom Meer und vom Boden aus zynisch über das Schicksal von 1,5 Millionen Personen entscheiden. Nie wird eine Telefonmünze richtiger investiert worden sein.

Restiamo umani.

Geier und Kopfgeldjäger

13 Januar 2009

Vom Meer aus versuchen wir immer noch, einen Rettungskorridor zu bauen, eine Bresche zu schlagen zu dieser gequälten Erde, beschlagnahmt und eingekerkert, auf jedem Quadratmeter vergewaltigt, reduziert auf einen Friedhof für Leichen, die keine Ruhe finden. Tatsächlich sind seit ein paar Tagen auch die Beerdigungen zum Ziel der israelischen Luftangriffe geworden, als ob die Palästinenser auch nach dem Tod noch eine Bestrafung verdienten.

Wenn es überhaupt noch einen humanitären Korridor gibt, über den dieser völlig entkräfteten Bevölkerung zu Hilfe zu kommen ist, dann durch die „Spirit of Humanity", einem unserer Boote unter der Flagge des Free Gaza Movement. Nachdem es heute aus Larnaca in Zypern ausgelaufen ist, wird es versuchen, im Hafen von Gaza nicht nur Tonnen von Medikamenten, sondern auch ca. 40 Mediziner, Krankenpfleger, Journalisten, Abgeordnete des Europäischen Parlaments und Menschenrechtsaktivisten an Land zu bringen, insgesamt Vertreter von siebzehn verschiedenen Nationen. Menschen von wahrem Humanismus, so wie die Vielen in Italien, die mir ihre Empörung bezeugen, bereit lieber ihr Leben zu riskieren, als zu Hause in der guten Stube immerfort die kleinen Bruchstükke an Information vorgesetzt zu bekommen, die nur den kleinsten Teil des Gemetzels zeigen, dem wir hier zum Opfer fallen.

Am 29. Dezember hatten es meine Freunde schon mit der „Dignity" versucht: sie wurden von der israelischen Marine angegriffen und beinahe versenkt; nachdem sie ein SOS ausgesendet hatten, konnten sie sich im Libanon an Land retten mit einer Motorhavarie und einem Leck im Bootsrumpf. Aus bloßem Zufall wurde bei dieser Gelegenheit niemand schwer verletzt. Wir wünschen und hoffen, dass morgen ihre Leben und die Menschenrechte respektiert werden.

Es gibt verheerende und unvermeidbare natürliche Katastrophen auf diesem Planeten, wie Erdbeben und Wirbelstürme. In Gaza läuft derzeit eine unnatürliche menschliche Katastrophe ab, verübt von Israel und zum Schaden eines Volkes, das Israel am liebsten zu völligem Elend und Unterwerfung zwingen würde. Eine verzweifelte Bevölkerung, die weder Brot noch Milch zur Ernährung ihrer Kinder findet. Die nicht einmal mehr Tränen für ihre Trauer hat, denn auch den Augen wurde strengste Diät auferlegt. Die ganze Welt kann nicht einfach über diese Tragödie hinwegsehen, und wenn sie es doch tut, dann wollen wir kein Teil mehr von ihr sein. Jeden Tag flehen wir unsere Regierungen an, diesem Genozid *in progress* ein Ende zu bereiten, für morgen früh erbitten wir nur, dass unser kleines Schiff anlegen darf mit seiner Ladung aus Verständnis, Frieden, Liebe und Mitgefühl, auf dass allen Palästinensern dieselben Rechte zugestanden werden, derer sich auch die Israelis und jedes andere Volk auf diesem Planeten erfreuen.

Das Meer als Anker der Hoffnung, das Meer als Werkzeug der Zerstörung. Nach einer Meldung der Presseagentur Ma´an, von Reuters bestätigt, sind die USA dabei, Israel mit 300 Tonnen Waffen zu versorgen, die auf zwei Containerschiffen von Griechenland abgehen sollen. Waffen und eine große Menge Sprengstoff und Sprengkapseln, alles Notwendige, um den Gazastreifen und seine tausenden Behausungen einzuebnen. Mittlerweile sind aus ganz Gaza 120.000 Evakuierte in Jabalia, aber der weitaus größere Teil der Menschen, etliche meiner Freunde eingeschlossen, haben sich nicht von ihren Häusern fortbewegt, weil sie nicht wussten, wohin.

Journalisten, Ärzte und Leichengräber. Das sind die Berufe, in denen am meisten zu tun ist, ohne Unterbrechung mittlerweile seit sechzehn Tagen. Die Geier bereiten uns neben den Jagdbombern die größte Sorge und erregen zudem Abscheu, speziell jene Sorte, welche gestern noch als Nachfolger des vielbeweinten Arafat gehandelt wurden und nun wieder nach der Herrschaft über das zukünftige Gaza lechzen.

Wir sind nun bei 923 Opfern angekommen, 4150 Verletzte, 255 grauenhaft geschlachtete palästinensische Kinder. Die Zählung der zivilen israelischen Opfer liegt glücklicherweise nach wie vor stabil bei vier.

Es geht das Gerücht, dass Olmert im engen Kreis gesagt haben soll, dass bei 1.000 zivilen Opfern die Schmerzgrenze für diese kindermordende Offensive erreicht sei. Ein wenig fühlt man sich an den Schlachthof von Palermo erinnert, wo die Kälberviertel im Freien ausbluten und das Fleisch einen Teil seines Gewichts einbüßt.

Der ganze Gazastreifen verfolgt gespannt die Auftritte von Ismail Haniyeh im Fernsehen. Man kann nicht von Waffenstillstand reden, ohne gleichzeitig ein Ende der Belagerung festzulegen. Die Fortsetzung der Belagerung des in Trümmern liegenden Gaza, die Unterbindung der Nahrungs- und Medikamenteneinfuhr, das Verbot der Ausreise Kranker und Verletzter bedeutet die Verurteilung zu längerer Agonie. Dies ist die Zusammenfassung der Worte des politischen Anführers der Hamas, die in Gaza gut ankommen. Die Ansprache eines Führers, der sich auch gut ins Ausland hätte absetzen können und stattdessen hier blieb und sich den Bomben aussetzte wie jedermann. Während ich telefoniere, kommt der übliche Drohanruf, der die Evakuierung des Gebäudes vor der Bombardierung fordert. Ich befinde mich in dem Gebäude, in dem die großen Medien ihren Sitz haben, unter ihnen Al Jazeera, Ramattan und Reuters. Wir stürzen uns die Treppen hinunter und werden auf die Straße gespült, wo unsere Augen fest gen Himmel gerichtet sind, von wo der zerstörerische Einschlag kommen wird. Diese Nacht werden keine Fernsehkameras und Reporter das Massaker an der Zivilbevölkerung dokumentieren können und der begründete Verdacht kommt hoch, dass es mehr unschuldige Opfer geben wird als sonst.

Auf der Straße fasse ich meinen Genossen Alberto ins Auge und zwinkere ihm zu, er nähert sich und ich flüstere ihm ins Ohr, ob er für plausibel hält, dass der Drohanruf ein

Wink ausschließlich für uns sein sollte, nachdem wir eine rechtsextreme Internetseite in den USA entdeckt hatten, die ein Kopfgeld auf uns ausgesetzt hat:

> „DIE ISRAELISCHEN VERTEIDIGUNGSKRÄFTE SIND ZU ALARMIEREN ZUM KAMPF GEGEN DAS ISM. Folgende Nummer ist zu wählen, wenn die Höhlen der Hamas und des ISM aufgespürt werden. Aus Amerika wähle 011-972-2-5839749. Aus anderen Ländern fällt die 011 weg. Helft uns dabei, das ISM, seit Beginn des Krieges zu einem festen Bestandteil der Hamas geworden ist, zu neutralisieren. ZIEL NR. 1 DES ISM FÜR DIE ISRAELISCHEN STREITKRÄFTE ZU LUFT UND ZU BODEN DER IDF: AUFFORDERUNG ZUR ERMORDUNG VON VITTORIO ARRIGONI (SIEHE FOTO UNTEN) DER MOMENTAN DIE HAMAS IN GAZA UNTERSTÜTZT.
> (Quelle: www.stoptheism.com.)"

Ihr braucht euch nicht zu beeilen, diese Seite zu besuchen oder mit Euren Blogs zu verlinken. Sie ist nur ein Zeugnis für die Soziologen unserer Nachkommen.

Die Zukunft wird nach der Analyse dieser Zeiten zu dem unwiderruflichen Urteil kommen, dass der Hass das reinste aller Gefühle war und der Groll auf das Andere ganze Heere bewegte und der Klebstoff von großen Massen von Menschen war.

Es ist nicht nötig, dass meine Henker und die mich tot sehen wollen, diese Nummer wählen, denn das israelische Militär weiß genau, wo ich zu finden bin heute Nacht, nämlich im Krankenwagen des Al Quds Krankenhauses von Gaza Stadt.

Restiamo umani.

Vernachlässigte Söhne Allahs

14 Januar 2009

Die „vernachlässigten Söhne Allahs" büßen weiterhin das Erbe eines über Generationen überlieferten Hasses wegen einer Schuld, die sie nicht zu verantworten haben. Die israelischen Soldaten erweisen sich als perfekte Besetzung in ihrer Rolle als neuzeitige Herodesse*: schon 253 massakrierte Kinder durch diesen Angriff. Ein Schrecken ohne Ende, für den kein Soldat, kein Offizier des Heeres und keine israelische Regierung je wegen Kriegsverbrechen angeklagt und verantwortlich gemacht werden wird.

Wenn auch diese unschuldigen Opfer für einige Stunden verschont werden, gilt gleiches nicht für die Orte, an denen ihre Spielsachen sind, für ihre Träume und Hoffnungen beim Erwachsen werden oder für die Eltern, die von ihrer Seite gerissen worden sind. Die Waisenhäuser sind das bevorzugte Nest der israelischen mechanischen Vögel geworden, in die Waisenhäuser legen die Jäger ihre Bomben ab. Die Genossen der Rafah schreiben mir: „ Am Sonntag gegen 3.00 Uhr haben F-16 Jäger das Zentrum für Waisenkinder der Organisation Dar al-Fadila bombardiert, das auch eine Schule, ein College, ein Informationszentrum sowie eine Moschee in der Taha Hussein Street umfasst, im Viertel Kherbat al-´Adas im Nordosten Rafahs. Teile der Gebäude wurden völlig zerstört und die stehen Gebliebenen schwer beschädigt. Die Schule unterrichtete ca. 500 Kinder, die ohne Eltern geblieben sind". Der sehr persönliche israelische Jihadd gegen die heiligen Orte des Islam entlang des Gazastreifens wird unter der schweigenden Zustimmung der Weltöffentlichkeit fortgesetzt: die

* Bereits während der Zweiten Intifada, als Barak den Befehl erteilte, direkt auf die Köpfe der steinewerfenden Jugendlichen zu zielen, hatte der griechisch- orthodoxe Patriarch zu Jerusalem ihn als „neuer Herodes" bezeichnet.

Moschee von Kherbat al-´Adas mitgerechnet, sind bis jetzt 20 Moscheen dem Erdboden gleich gemacht worden. Glücklicherweise hat noch keine der Kassam-„Raketen" die Wände einer Synagoge gestreift, sonst hätten sich mit Sicherheit in aller Welt die Schreie des Entsetzens zum Himmel erhoben. Gott sollte sich erkenntlich zeigen für die palästinensischen Gebete.

Von den insgesamt fast 950 Opfern sind 85% Zivilisten. Die höllische israelische Vernichtungsmaschinerie greift langsam in ganz Gaza um sich, zerstört Häuser, Schulen, die Universität, Krankenhäuser, ohne irgendein greifbares Signal oder gar den Willen zu Sanktionen von Seiten der westlichen Regierungen. Jetzt liegt es an uns, den einfachen Bürgern ohne Staatsangehörigkeit, wenn wir uns schon nicht jener als zugehörig fühlen wollen, welche die eine und einzige Gemeinschaft von Menschen ist: die menschliche Familie. Es ist an der Zeit, einen Knüppel in dieses verdammte und höllische Getriebe zu werfen.

Ich habe Dr. Haidar Eid getroffen, Professor an der Universität *AL Quds* in Gaza Stadt. Er ist linker Intellektueller, zäh und heiter gleichermaßen, leidenschaftlich und großzügig, wie man sie heute in Italien nicht mehr finden kann, ausgelöscht oder in einem Keller der Erinnerung vergraben, weil sie nicht wieder verwertbar sind in der überparteilichen Uniform, in der Postfaschisten und Postkommunisten Arm in Arm marschieren, vereint in der Litanei zur Rechtfertigung Israels nach jedem seiner Massaker. Haidar tritt vor mich als Sprecher der PACBI (Palestinian Campaign for the Academic and Cultural Boycott of Israel) und der BDS (Boycott, Divestment & Sanctions Campaign National Committee, im Internet unter http://bdsmovement.net) und ich diskutiere mit ihm über das Boykottieren.

Die Geschichte lehrt, aber sie hat keine Schüler... und Mandela und Mahatma Gandhi sind momentan nicht in der Lage, die Geschichte zu wiederholen. Aber die besondere Geschichte Südafrikas zeigt uns einen Weg auf, wie wir ein rassistisches und kolonialistisches Israel zu einem Kompromiss zwingen können. Damals wurde zum Komplizen deklariert, wer das Apartheidregime *nicht* boykottierte – was ist der Unterschied zu heute?

So wie ich glaubt auch die Mehrheit der Palästinenser, dass die beste Antwort auf die israelische Belagerung und das gegenwärtige Massaker nicht in Attentaten, Kamikaze und Sderot-Raketen besteht. Der Boykott ist eine pazifistische und nicht-gewalttätige, also mithin die beste und menschlich konsensfähige Antwort auf die Barbarisierung eines Konfliktes, der jede Geste von vornherein als unmenschlich einstuft. Die beste Waffe aus dem Arsenal der Gewaltfreiheit, wie uns Naomi Klein kürzlich in einem Leitartikel des *Guardian* noch einmal vor Augen geführt hat. Haidar kann sogar noch dem Bluttümpel, in dem wir derzeit untergehen, etwas Positives abgewinnen. Wie damals in Sharpeville in Südafrika, als am 21. März 1960 78 Schwarze von einem barbarischen Regime in Stücke gehauen wurden und die Welt sich aufgefordert fühlte, "HALT!" zu sagen, so könnte auch das beispiellose Blutbad unter 1.000 Palästinensern der Ausgangspunkt für eine breite Kampagne der Mobilisierung zur Bestrafung der israelischen Verbrechen werden. Haidar ist auch einer der Förderer eines vereinigten Israel und Palästina in einem einzigen Staat, der weltlich, demokratisch und interreligiös sein muss; für ihn der einzige und pragmatische Ausweg aus einem Konflikt, der keine andere Lösung zulässt.

Sehr persönlich erzählt er mir von al-Nakba, vor der er durch wenige Jahre verschont geblieben war, auch wenn er sie später intensiv nacherlebte in den Erzählungen seiner Familie. Als Sohn der Post-Katastrophe findet er klare Worte, um zu beschreiben, wie al-Nakba überliefert wurde und in das kollektive Unterbewusstsein tausender Palästinenser eingedrungen ist.

Der Albtraum ist wieder aufgelebt am 27. Dezember 2008, er klopft an die Dächer und hört seit dem nicht auf, für schlaflose Nächte zu sorgen. Haidar fordert mich auf, seinen

Appell an alle Italiener weiterzuverbreiten, keine Produkte *made in Israel* mehr zu kaufen und ich schreibe eifrig mit in mein zerfleddertes Notizbuch. Die israelischen Produkte sind in den Regalen leicht kenntlich an den Barcodes, durch die sie gekennzeichnet sind: 729 sind die Anfangsziffern. Die ganze Liste der Produkte kann man herunterladen auf der Seite http://boycottisraeligoods.org. Druckt Euch die Liste aus und hängt sie an die Kühlschranktür oder steckt sie in die Tasche Eurer Mutter oder Frau, wenn sie einkaufen geht. „Wenn Du auch nur ein Glas Wasser aus Israel kaufst, kaufst Du tatsächlich auch eine Kugel, die früher oder später im Herz eines unserer Söhne stecken wird".

Die Boykottbewegung, die 2005 geboren wurde, kommt in großen Schritten voran und ist unter Millionen von Verbrauchern verbreitet. Der venezolanische Präsident Chavez hat den israelischen Konsul des Landes verwiesen und jede Beziehung mit dem Staat abgebrochen, der Palästina erwürgt – er sollte allen unseren Politikern ein Vorbild sein.

Die südafrikanischen Führer des Kampfes gegen das Apartheidsregime, Mandela, Ronnie Kasrils und Desmon Tutu bekräftigen, dass die israelische Unterdrückung der Palästinenser um Längen schlimmer ist, als jene in Südafrika - sicherlich glaubwürdigere Stimmen als die von Frattini und Fassino (zwei italienische Politiker, die verfeindeten Lagern angehören, aber beide eifrige Zionisten sind. AdÜ). Etliche Juden in Israel haben sich dem Boykott angeschlossen, ca. 500 bislang, unter ihnen Ilan Pappe und Neta Golan, Überlebende des Holocaust, die „Nie wieder!" schreien. Der israelische Dichter Aharon Shabtai fordert uns zur Aktion auf: „Ich hoffe auf die Unterstützung durch die Europäer, dass die Nachfahren von Voltaire und Rousseau Israel helfen, denn Israel wird diese Besetzung nicht beenden, bevor Europa „Basta!" sagen wird. Nur der Druck von Seiten der zivilisierten und demokratischen Staaten kann die Situation verändern und uns das Glück zurückgeben. Die aktuelle Situation – in der das Militär die Gesetze diktiert – kann nicht von innen heraus verändert werden. Wegen der Werte, die Europa auszeichnen, kann es nicht weiterhin zusammenarbeiten mit Israel. 729 muss unsere Shoah werden: Nie wieder"!

Restiamo umani.

Tage der Hölle in Jabalia

15 Januar 2009

Selbst Dante hätte keinen so infernalischen Höllenkreis der Verdammten ersinnen können, wie den der Gänge im Krankenhaus von Jabalia. Das Gesetz der Wiedervergeltung ist hier auf den Kopf gestellt. Je unschuldiger das Opfer ist, desto weniger bleibt ihm das Martyrium der Bomben erspart. Im Kamal Odwan im Krankenhaus Al Awda sind die Kacheln in der Notaufnahme immer schön sauber, die Bediensteten haben ordentlich zu tun, um sie immer und immer wieder von dem Blut zu säubern, das unaufhörlich von den Tragen voller massakrierter Körper strömt.

Iyad Mutawwaq war auf der Straße unterwegs, als eine Bombe in ein Gebäude in der Nähe einschlug. Zusammen mit anderen Passanten eilte er zu Hilfe, als ein zweites Geschoss das Gebäude traf und einen Vater von neun Kindern, zwei Brüder und einen anderen Passanten tötete, der ebenso wie Iyad zur Erstehilfe zur Stelle geeilt war. Die übliche Geschichte in Wiederholung, zum zehnten, zum tausendsten Mal. Die bevorzugte Technik von Terroristen wird von der *Tsahal,* den israelischen Streitkräften, perfekt kopiert. Man wirft eine Bombe, wartet auf die zu Hilfe kommenden, und wirft dann noch eine Bombe auf alle Beteiligten. Für Iyad sind das amerikanische Bomben, aber sie tragen die Unterschrift von Mubarak, dem ägyptischen Präsidentendiktator, der hier in Gaza mit Olmert konkurriert, was die Erzeugung von Hass angeht.

Hinter dem Bett von Iyad liegt ein alter Mann mit eingegipsten Armen und starrt an die Decke, ohne ein Wort von sich zu geben; mir wird erzählt, dass er alles verloren hat, Familie und Haus. Er fixiert die Risse im Putz, der in Stücken von den Wänden fällt, als suche er nach einer Antwort auf die Vernichtung seiner Existenz. Khaled hat 25 Jahre lang in

Israel gearbeitet, bis zur letzten intifada. Als Dankeschön hat ihm Tel Aviv nicht nur keine Rente gewährt, sondern stattdessen eine Reihe von Luft-Boden-Raketen auf sein Haus; am ganzen Körper hat er Wunden von den Bombensplittern. Ich frage ihn, wo er hingehen wird, wenn er aus dem Krankenhaus entlassen wird. Dorthin, wo alle seine Verwandten jetzt leben, antwortet er mir: auf die Straße.

So wie seiner geht es vielen Familien, die nicht mehr wissen, wo sie eine Zuflucht finden können. Die Glücklicheren finden Unterschlupf bei Verwandten und Bekannten, wie wir herausgefunden haben, aber kann man das Leben nennen, wenn 100 Personen sich zwei Wohnungen mit jeweils drei Zimmern teilen müssen? Zwei Bomben auf die Wohnung von Ahmed Jaber haben seine Familie in die Flucht getrieben, aber zu spät. Eine dritte Explosion hat sieben Mitglieder seiner Familie, darunter auch zwei Nachbarskinder im Alter von acht und neun Jahren, unter den Trümmern begraben. Er sagt: „Sie haben uns ins Jahr 1948 zurück katapultiert. Das ist die Strafe dafür, dass wir unserer Heimaterde treu geblieben sind. Sie können mir die Arme und die Beine vom Leib schießen, aber sie werden mich nicht von meiner Erde fort bekommen". Ein Arzt zieht mich ein wenig beiseite und vertraut mir an, dass die siebenjährige Tochter von Ahmed in lauter Einzelteilen in einem kleinen Karton angeliefert worden ist. Sie hatten nicht den Mut, es ihm zu sagen, um seinen prekären Gesundheitszustand nicht noch zu verschlimmern. Abends nahmen sie auch Iyad das Telefon an seinem Bett weg, um das Eintreffen schlechter Neuigkeiten zu unterbinden. Eine Panzergranate hatte das Haus seiner Schwester getroffen und sie enthauptet.

Am Ende hat unser Boot vom Free Gaza Movement den Hafen von Gaza doch nicht erreicht. 100 Seemeilen vor dem Ziel wurde es im internationalen Gewässer von vier israelischen Kriegsschiffen abgefangen, bereit zum Feuern und zum Mord an unserer Besatzung aus Ärzten, Krankenpflegern und Aktivisten für die Menschenrechte. Niemand darf es wagen, die Treibjagd auf die Zivilisten zu stören, die seit drei Wochen ununterbrochen anhält. Östlich von Jabalia in der Nähe der Grenze sprechen Augenzeugen davon, Dutzende von verwesenden Leichen auf den Straßen gesehen zu haben, deren faulendes Fleisch von Hunden gefressen wird. Es wird auch von hunderten Eingeschlossenen berichtet, darunter auch Verletzte: die Krankenwagen können nicht zu ihnen gelangen, weil überall schießende Heckenschützen versteckt sind. Die Palästinenser sind es leid, in völliger Gleichgültigkeit hingemetzelt zu werden und viele beschuldigen auch das Internationale Rote Kreuz und die UNO, nicht ausreichend aktiv zu werden, nicht vollständig ihren Verpflichtungen nachzukommen, ihr Leben nicht zu riskieren um hunderte anderer Leben zu retten. Zu Fuß und mit Tragbahren werden wir vom ISM dorthin gehen, wo die Menschlichkeit ihre Grenzen überschritten hat und untergegangen ist.

Die Dummschwätzer mit ihren breit gesessenen Ärschen lümmeln auf den Diwanen der hohen Politik und erörtern eingehend die Kriegsstrategien gegen die Hamas, während wir hier buchstäblich ausgemerzt werden. Sie bombardieren Krankenhäuser und es gibt tatsächlich immer noch Stimmen, die vom „Recht Israels auf Selbstverteidigung" reden. In jedem Staat, der sich auch nur annähernd als zivil definiert, steht die Selbstverteidigung in einem proportionalen Verhältnis zum vorangegangenen Angriff.

In den vergangenen 20 Tagen haben wir 1.075 palästinensische Opfer gezählt, mehr als 5.000 Verletzte, von denen mehr als die Hälfte Minderjährige sind. 303 grauenhaft geschlachtete Kinder. Glücklicherweise nur vier israelische Zivilopfer.

Als bestünde für Israel das gerechte Blutbad für jedes ihrer zivilen Todesopfer darin, wenigstens 250 Gegner auszulöschen. Sagt Ihr mir, ob diese Unverhältnismäßigkeit zwischen Verteidigung und Angriff Euch nicht an die als Vergel- tungsmaßnahme verübten mörderischen Exzesse aus den schwärzesten Zeiten der modernen europäischen Geschichte erinnern.

Um auf den Punkt zu kommen: handelt es sich hier um

legitime Verteidigung? All jene wie Marco Travaglio, Piero Ostellino, Pierluigi Battista und Angelo Panbianco (allesamt italienische Zionisten AdÜ), die mit ihrer endlosen Leier von der Hamas als Brecher der Waffenruhe zwischen Israel und Palästina die Verantwortung für diesen Völkermord zuschanzen wollen, möchte ich an die Stellungnahme der UNO erinnern. Professor Richard Falk, Sonderbeauftragter der Vereinten Nationen für Menschenrechte, hat zu diesem Punkt klare Vorstellungen zum Ausdruck gebracht: tatsächlich war es Israel, das den Waffenstillstand brach, als es im November in aller Ruhe siebzehn Palästinenser umbrachte. Im Monat November wurden null israelische Opfer registriert, so wie auch im Monat vorher und im September. Daran erinnerte auch kürzlich der Ex-Präsident der USA und Nobelpreisträger Jimmy Carter. Bedauerlich, dass Journalisten wie Travaglio, die wir einst als Bollwerk der freien, möglichst wahrheitstreuen Information schätzten, sich den Helm des israelischen Militärs aufgesetzt haben und die Massen vor den Bildschirmen unterhalten, die sich hier an Sport und Mode erfreuen: Tontaubenschießen auf Kinder.

Ich tippe in einem Büro der Presseagentur Ramattan, die palästinensischen Reporter um mich herum tragen Schusswesten und Helme. Sie sind weder auf dem Weg an die Front, noch begeben sie sich vor die Panzer, sie sitzen einfach vor ihren Computern. Zwei Stockwerke höher sind gerade die Büros von Reuters von einer Rakete getroffen worden, zwei Schwerverletzte. Im Moment sind fast alle Stockwerke des Gebäudes leer, nur die mutigsten aller Journalisten sind hiergeblieben, auf irgendeine Weise muss weiterhin berichtet werden von dieser Hölle. Kurz zuvor hatte das israelische Heer Reuters versichert, dass sie nicht zu evakuieren hätten, ihre Büros seien sicher. Heute früh wurde auch das Gebäude der Vereinten Nationen bombardiert und zerstört, es wurde mit Geldern der italienischen Regierung errichtet. Berlusconi, hörst Du mich? Es gab mehrere Tote und Verletzte. John Ging, der Chef der UNRWA, berichtet als Augenzeuge von

Bomben mit weißem Phosphor. Im Viertel Tal el Hawa von Gaza Stadt steht ein Flügel des Al Quds Krankenhauses in Flammen: darin eingeschlossen mit ungefähr 40 Ärzten und Pflegern sowie etwa 100 Patienten befindet sich auch Leila, unsere Genossin des ISM. Per Telefon hat sie uns von den vorangegangenen dramatischen Stunden berichtet. Vor dem Krankenhaus steht ein Panzer und überall sind Heckenschützen, die auf alles schießen, was sich bewegt. Ringsherum ist alles zerstört. In der Nacht sahen sie von ihren Fenstern aus ein Haus in Flammen, das von einer Bombe getroffen worden war und hörten die entsetzlichen Schreie ganzer Familien, Kinder, die um Hilfe riefen. Sie konnten sich nicht bewegen, waren machtlos, konnten nur die brennenden Körper sehen, die sich auf der Straße rollten und in Asche verwandelten. Die Hölle hat sich umgestülpt und in ihrem Zentrum, im schlagenden Herz von Gaza, sind wir, die Verdammten eines unmenschlichen Hasses.

Restiamo umani.

Umgestülpte Geografie

16 Januar 2009

Man erzählt sich, wie ein alter Palästinenser, als er eines Tages aus dem Haus ging, um in einer der raren Feuerpausen etwas zu Essen einzukaufen, auf dem Rückweg nicht mehr in der Lage war, zu seinem Haus zurück zu finden. Die Bombardierungen haben nicht nur die Geografie der Stadt radikal verändert, sondern gleichzeitig auch die sozialen Gewebe. Gezwungen zur Flucht in alle Himmelsrichtungen und über ganz Gaza verteilt haben hunderte Familien, die über Jahre in Nachbarschaft lebten, plötzlich völlig den Kontakt zueinander verloren. Um in Gaza Stadt das Viertel Tal el Hawa zu erreichen, muss man zu Fuß eine Mondlandschaft durchqueren.

Nach 48 Stunden Belagerung haben sich die israelischen Panzer gestern am Morgen zurückgezogen, Krater und kleine Hügel aus Trümmern hinter sich zurücklassend. Den Hintergrund für diese Verwüstung bildet der ungesunde und unverwechselbare Geruch des Todes. Ich machte mich auf die Suche nach dem Haus von Ahmed und stolperte durch die Überreste der Gebäude und Häuser, zwischen Skeletten verbrannter Autos und Krankenwagen. Es war keine leichte Aufgabe, genau wegen der Verwandlung ganzer, dem Erdboden gleich gemachter Viertel. Ich erinnerte mich, dass Ahmed am Ende einer nichtasphaltierten Straße wohnte, es war nun aber schlicht unmöglich, noch zu unterscheiden, da das gesamte Gelände von den Raupenketten der Panzer um und um gepflügt worden war. Falls man am Ende dieses massiven, völkermörderischen Angriffs eine Satellitenfotografie von Gaza Stadt machte, hätte man im Anschluss Schwierigkeiten, jemanden davon zu überzeugen, dass es sich um dieselbe, vor 20 Tagen fotografierte Stadt handelt. Ich habe Ah- med umarmt und für beide von uns war es wie ein Wiedersehen nach vielen Jahren oder nach einer langen Reise oder wie die Rückkehr aus einem fernen Land. Leider sind auf unserer Reise durch die Nacht bislang keine Morgengrauen vorgesehen, die nicht von dem Hass derer bestimmt sind, welche die Generäle und Truppen mobilisiert haben für diese Ausrottung. Mein Freund zeigte mir die Stelle, an der zwei Tage lang der israelische Panzer gestanden hatte, direkt vor seinem Garten. Seine Familie hatte die ganze Zeit in einem Raum unter der Treppe verbracht, immer von dem Schrecken begleitet, dass ein Schuss der Artillerie ihre Leben unter dem Schutt begraben könnte. Erst gestern Abend hatte er sich den Anweisungen seines ängstlichen Vaters widersetzt und war auf dem Boden bis an das Fenster gerobbt, um einen Blick auf das Inferno in der Umgebung zu werfen. In 30 Metern Entfernung sah er den Panzer gegen das Fallgitter eines Supermarktes anfahren und nachdem eine Bresche entstanden war, stiegen einige Soldaten aus dem Panzer. Er sah, wie sie sich freudig ans „Einkaufen" machten. „Sie haben den Panzer so voll gestopft mit Waren, so dass sie Schwierigkeiten hatten, selbst noch einzusteigen". Dann beschrieb er mir noch ihr Gelächter und ihre Hohngesänge, die für den Rest der Nacht als Kehrreim zwischen den Explosionen zu hören waren: *„Alì, Mohammed, this is a message to your Allah Akbar!"*.

Der Widerstand, der für einige Tage stoisch das Vorrücken der israelischen Panzerwagen zu begrenzen vermochte, ist in den letzten Stunden wie ausgelöscht. Der Zusammenstoß ist ungleich, die Kalaschnikows kitzeln die Außenhüllen der Panzer, im Gegenzug perforieren die Artilleriegeschütze ganze Häuser von der einen bis zur anderen Seite. Das Wohngebiet von Abraj Towers, das überwiegend von Professoren der Universität und ihren Familien bewohnt wird, die der Fatah nahestehen, beherbergt keine „Terroristen der Hamas". Ebenso wie ich das weiß, ist selbstverständlich auch Tel Aviv darüber informiert, aber das zählt für sie nicht; das Viertel ist in einen Haufen Schutt verwandelt worden. Neben diesen getroffenen Gebäuden liegt das Al Quds Krankenhaus, das gestern in Flammen aufging. Meine Genossen halfen dem Krankenhauspersonal bei der Evakuierung der 300 eingelieferten Verletzten in das andere Krankenhaus von Gaza Stadt, dem Al Shifa. Sie brauchten dafür etliche Stunden, besonders, weil für den Transport einiger Schwerverletzter speziell ausgerüstete Krankenwagen nötig gewesen wären, die den Palästinensern jedoch nicht zur Verfügung stehen. Zusammen mit Dr. Dagfinn Bjorklind von der norwegischen NGO Norwac erwarteten wir die letzten Evakuierten und stellten den Krankenpflegern, die den Flammen des Al Quds entkommen waren, einige Fragen. Die Bilanz ist grauenvoll und wird durch die Augenzeugenberichte meiner Genossen bestätigt. In zweihundert Meter Entfernung vom Krankenhaus lagen etwa 30 Körper auf der Straße, viele davon Frauen und Kinder, von denen einige noch lebten. Sie konnten sie nicht erreichen: die Heckenschützen von den Dächern schossen auf alles, was sich bewegte. Die blutenden Körper auf der Straße waren Zivilisten auf der Flucht aus ihren Häusern, die bombardiert worden waren und brannten. Die israelischen Heckenschützen hatten nicht eine Sekunde gezögert, sie niederzustrecken, einen nach dem anderen, wenn sie sie im Fadenkreuz ihrer Waffen hatten, Kinder eingeschlossen.

Ich vertraue Euch an, dass mein „Restiamo umani" in den letzten Tagen sehr ins Wanken geriet, aber es hält noch durch. Es hält durch ebenso wie der Stolz, die Bindung an die Heimaterde, wie die Identität und das Recht auf Selbstbestimmung der Bevölkerung von Gaza, von Universitätsprofessoren über Menschen auf der Straße, Ärzte und Krankenpfleger, Reporter, Fischer, Bauern, Männer, Frauen und Heranwachsende, jenen, die alles verloren haben und jenen, die nichts mehr zu verlieren hatten, bis zum letzten Atemzug drücken sie das *inshallah* eines herannahenden Sieges aus, die ehrliche Überzeugung, dass ihre Wurzeln so tief hinabreichen, dass sie von keinem feindlichen Bulldozer je herausgerissen werden können. Auf einem Monitor kann ich beim

Schreiben Bilder aus dem Al Shifa sehen, wo sich Männer in Tränen die Hände vors Gesicht schlagen, als ob sie die Tränen der Verzweiflung so zum Versiegen bringen wollten. In Shija'ya im Osten von Gaza Stadt hat ein einziger Schuss eines Panzers sieben Todesopfer und 25 Verletzte zur Folge gehabt. Es war eine Trauergesellschaft, die für einen am Vortag verstorbenen die Totenwache hielt. Gestern hat sich Ehud Barak beim Generalsekretär der UN, Ban Kimoon, entschuldigt für die Schüsse, die auf den Sitz der Agentur der Vereinten Nationen für die palästinensischen Flüchtlinge in Gaza Stadt abgegeben worden waren (der unter anderem mit italienischen Geldern erbaut wurde). „Es handelte sich um einen schweren Fehler", so seine Worte. Keine Bitte um Vergebung bei den Familien der 375 palästinensischen Kinder, die bis heute ermordet wurden. Offensichtlich handelte es sich dabei NICHT um einen Fehler.

Von einem Arzthelfer des Roten Kreuzes hörte ich die Erzählung ihres Eintreffens am Ort des Massakers von Zaitun. Ein sichtbar unterernährtes Kind kauerte neben dem Körper der Mutter, der in einem fortgeschrittenem Stadium der Verwesung war. Vier Tage lang hatte das Kind die Mutter gepflegt, als ob sie noch am Leben sei; es hatte ihr das Blut von der Stirn gewischt und zwischen den Trümmern seines einstigen Wohnhauses noch Wasser, Brot und Tomaten gefunden, die sie neben dem Gesicht der toten Mutter abgestellt hatte. Es dachte, sie würde einfach nur schlafen.

Die Helfer vom Roten Kreuz, von den israelischen Heckenschützen gehindert, konnten den Ort des Massakers erst nach einigen Tagen erreichen.

Restiamo umani.

Liebe unter Bomben

17 Januar 2009

Unter Bomben Liebe machen. Ich entsinne mich an einen Freund aus Nablus, der mir beschrieb, wie schwierig es für ihn zu Zeiten der Besatzung gewesen war, für sich und seine Frau Momente der Intimität zu finden. Eines Abends, als sie umarmt im Bett lagen, bohrte sich eine Kugel ins Kopfteil des Bettes, ein handbreit über ihren Köpfen. An Liebesspiele ist in diesen Tagen in Gaza unter Bomben nicht zu denken und auch die gemeinsame Zukunft junger Paare gestaltet sich schwierig, haben doch die meisten ihre Häuser verloren und sind in Notunterkünften, mit 20 Leuten in einer kleinen Wohnung oder in den Schulen der UNRWA untergekommen.

„Heute ist Samstag, heute Abend gehen die jungen Paare in Tel Aviv in die Disco um sich zu vergnügen oder an den Strand, während wir hier noch nicht mal in unseren Betten Liebe machen können", sagt Wissam zu mir, der seit November verheiratet ist. „Stroboskoplicht haben wir allerdings auch" und zeigt auf die Blitze im Süden: gegenwärtige Bombardierungen. Junge Männer wie Wissam, 19 Jahre, werden sehr jung Väter und mit 40 Jahren haben sie meistens schon etliche Enkel und Neffen, in der Fruchtbarkeit zeigt sich die einzige Unsterblichkeit für Palästina.

Während uns von draußen Gerüchte über eine bevorstehende Waffenruhe erreichen, haben in den letzten Tagen die Bombardierungen stark zugenommen ebenso die Zahl der zivilen Opfer. Allein gestern mehr als 60, davon ein Dutzend aus einer Moschee, in der gerade Gebetszeit war. Was die Palästinenser am meisten beunruhigt, ist die Aussicht auf eine Waffenruhe ohne die gleichzeitige Öffnung der Grenzübergänge. Noch vor den Materialien für den Wiederaufbau werden Nahrungsmittel benötigt und die Möglichkeit

Schwerverwundete herauszubringen. Die Krankenhäuser stehen vor dem Kollaps, im ganzen Gazastreifen haben sie eine Kapazität von 1.500 Betten, in diesem Moment sind es aber schon 5.320 Patienten. Außerdem hat die öffentliche Meinung kein sehr tiefes Vertrauen in die Rolle Ägyptens als Unterhändler, nachdem sich die Regierung notorisch unterwürfig den Wünschen Israels beugt. „Warum ist kein europäisches Land für die Rolle des Unterhändlers bestimmt worden? Für die Lösung des Konfliktes zwischen Israel und der Hisbollah war die Rolle Deutschlands, eines wahrhaft neutralen Landes, von grundsätzlicher Bedeutung", sagt Hamza zu mir, ein Dozent der Universität.

Heute Morgen wurde eine weitere Schule der Vereinten Nationen in Beit Lahyia von israelischen Panzern beschossen, im Norden des Gazastreifens. Vierzehn Verletzte und zwei tote Brüderchen von fünf und sieben Jahren, Bilal und Mohammed Al-Ashqar; ihre Mama überlebte, hat aber beide Beine verloren. Wie 42.000 andere auch waren sie in die Schulen geflüchtet, nachdem Israel die Räumung ihrer Häuser angeordnet hatte. Sie wähnten sich in Sicherheit, genau wie die 43 Flüchtlinge, die am 6. Januar in der UN-Schule in Jabalia den Tod fanden. „Diese beiden Kinder waren unschuldig, ohne Zweifel, ebenso wie sie jetzt zweifelsfrei tot sind", hat der Leiter der UNO in Gaza, John Ging, erklärt, der seit Tagen unermüdlich versucht, die Kriegsverbrechen der israelischen Soldaten anzuzeigen - vergeblich. Die israelischen Generäle schicken sich an, der Welt das „Mission erfüllt!" zu erklären. Ich bin zu den Trümmern des Tal el Hawa Krankenhauses zurückgegangen, im stehen gebliebenen Teil des Gebäudes ist jetzt eine Notaufnahme und ein logistisches Zentrum für die Krankenwagen untergebracht. Aus den schwer beschädigten Häusern werden immer noch verletzte Verschüttete geborgen. Im Al Shifa ist ein Kind mit Namen Suhaib Suliman eingeliefert worden, einziger Überlebender einer 25-köpfigen Familie. Ein Mädchen, Hadil Samony, hat elf ihrer Familienmitglieder verloren. Wenn sie aus dem Krankenhaus entlassen wird, hat sie niemanden, der sich um sie kümmern wird.

Entschuldigt, aber kann mir gerade noch einmal jemand erklären, um was für eine Mission es sich hier handelte? Von der kollektiven Bestrafung zur Massenvernichtung.

Ein frustrierter Araber mit Namen Raja Chemayel definiert es in seinem Blog folgendermaßen:

„Nehmt ein Stück Land, 40 km lang und ungefähr 5 km breit. Nennt es Gaza. Befüllt es mit 1,4 Millionen Bewohnern. Dann umgebt es im Westen mit dem Meer, Mubaraks Ägypten im Süden, Israel im Norden und Osten und nennt es nun das Land der Terroristen. Daraufhin erklärt ihr den Krieg und fallt in das Land ein mit 232 Panzern, 687 Panzerwagen, 43 Stützpunkte für Kampfjets, 105 bewaffneten Helikoptern, 221 Kampfeinheiten bodengestützter Artillerie, 346 Granatwerfern, 3 Spionagesatelliten, 64 Aufklärern, 12 eingeschleusten Spionen und 8.000 Mann Bodentruppe. Nun müsst ihr das alles „Israel verteidigt sich" nennen. Haltet für einen Moment inne und erklärt, dass ihr „vermeidet, die Zivilbevölkerung zu treffen" und nennt euch selbst die einzige Demokratie unter den Akteuren. Unter allen Umständen kann es nur ein Wunder sein, wenn vermieden werden kann, dass ein Zivilist getroffen wird, oder aber es ist von Anfang an gelogen, wenn doch eh niemand vermeiden könnte, sie zu treffen, eine bewusste und absichtlich Lüge also. Nennt das Ganze wieder „Israel, das sich verteidigt". Und nun meine Frage: was, wenn sich der Invasor als Lügner herausstellt? Was würde den unbewaffneten Zivilisten geschehen? Wie könnte es selbst einer Mutter Theresa, oder von mir aus auch Micky Maus, gelingen, einer dermaßen potenten Streitmacht ausgeliefert, zu vermeiden, dass die Zivilbevölkerung getroffen wird in einer solchen Situation?

Nennt es wie Ihr wollt. Israel war sich völlig im Klaren über die Gegenwart dieser unbewaffneten Menschen, denn sie haben sie selbst dorthin gebracht. Nennt es lieber Völkermord. Das ist glaubhafter".

Von ein paar umgebrachten Führern abgesehen hat die Hamas nicht wirklich unter dieser Offensive gelitten, sie hat nicht nur keinen Rückhalt in der Bevölkerung verloren, sondern eher noch gewonnen. Ab und zu sollte man sich daran erinnern, dass die Hamas kein Grüppchen von Terroristen ist und auch keine politische Partei, sondern eine Bewegung und als solche sicherlich nicht mit einem Regen aus Streubomben zu beseitigen.

Wenn ich die Palästinenser um ihre Meinung zu den wirklichen Zielen dieses brutalen Gemetzels bitte, antworten mir viele, dass sie einen Zusammenhang mit den nächsten israelischen Wahlen im Februar (10.02.09, AdR)* sehen. „Sie tragen ihre Propaganda auf unserem Rücken aus, so war es immer am Vorabend von Wahlen". Eine sehr vereinfachende Theorie, aber leider realistisch: wer seinen Wählern mehr abgeschnittene palästinensische Köpfe präsentieren kann, gewinnt die Wahlen in Israel. One Head One Vote. Netanyahu, vor einem Monat noch als sicherer Sieger gehandelt, scheint den jetzigen Prognosen zufolge zu unterliegen, den Blicken unter aus den blutunterlaufenen Augen von Olmert und Livni ausgesetzt. Avigdor Lieberman ist der Führer von Yisrael Beitenu, die momentan die fünfte politische Kraft im Lande ist, aber die Meinungsumfragen sehen ihn in starkem Aufwind nach einer seiner abwegigen Verlautbarungen wie dieser: Gaza sollte mit einer Atombombe von den Landkarten weggesprengt werden, so wie es die Amerikaner mit Hiroschima und Nagasaki getan haben. Der israelische Autor Abraham Yehoshua hat gestern zur Ha'aretz gesagt: „Wir töten heute ihre Kinder, um morgen viele zu retten". Ich befürchte, dass seine *Reise ans Ende des Jahrtausends* an Bord ei-

* Die Resultate der israelischen Wahlen haben der Kadima Recht gegeben, die Zentrumspartei von Tzipi Livni gewann mit einem Sitz (28) Vorsprung zur rechten Likud-Partei von Benjamin Netanyahu. Die Bildung einer Regierung ist dennoch ihm überlassen worden, denn er hat die besseren Chancen, um sich herum eine rechte Mehrheit zu sammeln.

nes Panzerwagens vor einem brennenden Krankenhaus schon zu Ende war. Voltaire lud einst ein, jegliche Meinung zu respektieren, ich rufe dazu auf, keine Samen des Hasses mehr zu säen, die hier von Blut bewässert, zu Keimen eines unheilbaren Ressentiments aufgehen.

Restiamo umani.

Die Toten und die Lebenden

19 Januar 2009

In Gaza haben nur die Toten das Ende des Krieges gesehen. Für die Lebenden gibt es keine Atempause in der täglichen Schlacht ums Überleben. Ohne Leitungswasser, Gas, Strom, ohne Brot und Milch, um die eigenen Kinder zu ernähren. Tausende haben ihre Häuser verloren. Durch die Grenzübergänge sickern tröpfchenweise humanitäre Hilfen ins Land und man bekommt das Gefühl, als wenn das Wohlwollen der Komplizen der Schlächter nur von kurzer Dauer sein wird. Morgen kommt der Generalsekretär der Vereinten Nationen Ban Ki-Moon den Gazastreifen besuchen und wir sind sicher, dass der Leiter der palästinensischen Flüchtlingsstelle John Ging ihm einiges zu erzählen haben wird; nachdem Israel zwei Schulen der UNO bombardiert hat, hat es noch vier Mitarbeiter der UNO massakriert, das der UNRWA in Gaza Stadt dem Erdboden gleich gemacht, wobei auch tonnenweise Medikamente und Nahrungsmittel für die Zivilbevölkerung vernichtet wurden.

Die Trümmer von Gaza spucken noch immer Leichen an die Oberfläche. Allein gestern haben Arzthelfer des Roten Halbmondes mithilfe einiger Freiwilliger vom ISM zwischen Jabalia, Tal el Hawa und Zaitun 95 Leichen aus den Ruinen geborgen, viele von ihnen im Zustand fortgeschrittener Verwesung. Wenn ich nun auch durch die Straßen von Gaza Stadt gehe ohne die permanente Panik vor einer chirurgisch genau auf meine Enthauptung gezielten Bombardierung, so zucke ich doch jedes Mal zusammen, wenn ich einen der vielen in der Gegend streunenden Hunde sehe, aus Furcht vor dem Anblick dessen, was er in seinem Maul zum Fraß davonträgt. Die Menschen atmen auf und kehren zurück in die Moscheen und Kaffeehäuser, aber die zur Schau getragene Normalität wird leicht enttarnt, haben doch viele ihre

Bleibe und noch viele mehr einen Angehörigen verloren. Die Rückkehr zur Normalität wird vorgetäuscht, um Frauen und Kindern Mut einzuflößen: irgendwie muss und wird auch diese Katastrophe überstanden werden.

Mit einem Fragebogen ausgestattet sind wir heute früh in einige der am meisten zerstörten Viertel (Tal el Hawa und Zaytoun) aufgebrochen und haben von Tür zu Tür gehend das ganze Ausmaß der Gebäudebeschädigungen aufgenommen neben den dringendsten Notwendigkeiten für die Familien: Medikamente für die Alten und Kranken und Reis, Öl, Mehl, das Minimum zur Ernährung. Alles, was wir im Moment zum Verteilen hatten, waren lange Nylonbahnen zum Verschließen der Fensterhöhlen, in denen das Glas fehlte, um vor der Kälte zu schützen. Genossen vom ISM in Rafah berichten mir, dass die städtischen Behörden einige tausend Dollar an Familien ausbezahlt haben, die ihre Häuser bei der so genannten Vernichtung der Tunnelanlagen durch die israelischen Bomben verloren haben – ein Tropfen auf den heißen Stein. Am Ende des Konfliktes im Libanon gab die Hisbollah Schecks in Millionenhöhe aus, um die obdachlos gewordenen zivilen Libanesen zu entschädigen. Im belagerten Gaza und unter Embargo wird das, was die Hamas zur Entschädigung der Bevölkerung beisteuern kann, „gerade einmal reichen, um eine kleine Schutzhütte für das Vieh zu bauen", lässt mich Khaled wissen, ein Bauer aus Rafah.

Da die Waffenruhe nur einseitig ist, entscheidet Israel auch einseitig darüber, wann sie gebrochen wird. Gestern ist in Khan Yunis ein palästinensischer Jugendlicher getötet, ein anderer verletzt worden. Im Osten von Gaza Stadt haben Hubschrauber Bomben mit weißem Phosphor in ein Wohngebiet geworfen. Dasselbe geschah in Jabalia. Heute, immer noch in Khan Yunis, haben Kriegsschiffe auf eine unbebaute Fläche geschossen, glücklicherweise ohne jemanden zu verletzen; und während ich jetzt schreibe, kommt die Nachricht von ei- nem Überraschungsangriff durch Panzer. Von palästinensischen Raketenabschüssen war nichts zu hören in den letzten 24 Stunden. Nachrichtenhungrig schwärmen die internationalen Journalisten in ganz Gaza aus, erst heute ist es ihnen gelungen, ins Land herein zu kommen: nach dem Halali zum Jagdende hat Israel sie passieren lassen. Vor dem schwarz verkohlten Skelett des Al Quds Krankenhauses in Gaza Stadt fragte mich ein Reporter der BBC, wie das Militär das Gebäude mit einem Unterschlupf von Terroristen habe verwechseln können. „Aus dem gleichen Grund, aus dem auch aus brennenden Häusern fliehende Kinder in der Nachbarschaft des Krankenhauses von Heckenschützen aufs Korn genommen und ohne zu zögern abgeschossen und ihr Hirn über den Asphalt verteilt wurde". Der englische Journalist wirkte noch finsterer nach dieser meiner Antwort. Der Graben zwischen uns als Augenzeugen dieses Massakers und jenen, die nur durch die Erzählungen der Überlebenden mit dem Geschehenen in Berührung kommen, ist offensichtlich.

Ich werde aus Rom informiert, dass die EU die Mittel für den Wiederaufbau eingefroren hat, solange der Gazastreifen von der Hamas regiert wird. Das hat die europäische Kommissarin für den Wiederaufbau, Benita Ferrero-Waldner, durchblicken lassen. „Die Hilfen für den Wiederaufbau des Gazastreifens", sagte die europäische Diplomatin „können nur dann ankommen, wenn es dem palästinensischen Präsidenten Abu Mazen gelingt, seinen Herrschaftsanspruch auf das Gebiet erneut durchzusetzen". Für die Palästinenser eine klare Einladung von außen zu einem Bürgerkrieg oder zu einem Staatsstreich. Als ob so das Massaker an 410 Kindern legitimiert werden könnte, deren Eltern hatten ja schließlich die Demokratie und dann die Hamas frei gewählt. „Die EU übernimmt kommentarlos die von Israel entworfene kriminelle Politik der kollektiven Bestrafung. Warum übergeben sie die Mittel nicht der UNO? Oder einer NGO?". „Die USA haben die Freiheit, einen Kriegstreiber wie Bush zu wählen, die Israelis dürfen sich Führer wählen, denen das Blut von den Händen tropft, wie Sharon und Nethanyahu, und wir, die Bevölkerung von Gaza, sind frei, die Hamas zu wählen...", sagt Mohammed zu mir, ein Menschenrechtsaktivist, der nicht für die islamische Bewegung gestimmt hat; ich habe keine Argumente, ihn zu widerlegen. Die lebenden Palästinenser lernen von den toten, sie lernen sterbend zu leben, schon vom zartesten Alter an. Waffenruhe folgt auf Waffenruhe, die Wahrnehmung ist die eines makabren Einschubs zum Zählen der Leichen zwischen einer Jagd und der nächsten, hin zu einem Frieden, der nie weiter entfernt schien.

Wir fahren Streife durch Gaza Stadt an Bord eines Krankenwagens, die Sirenen sind dieses Mal ausgeschaltet, der Krieg ist präsent in den Ruinen einer Stadt frei von lächelnden Gesichtern aber voller ängstlicher Blicke aus Augen, die fortdauernd den Himmel abscannen nach den ununterbrochen fliegenden Flugzeugen.

Im Inneren eines Hauses fand ich auf dem Fußboden einige Kinderzeichnungen mit Ölkreide, die offensichtlich von einem Kind bei der überstürzten Flucht zurückgelassen worden waren. Eine habe ich aufgehoben: Panzer, Hubschrauber und stilisierte, in Stücke geschlagene Menschen. Im Zentrum des Bildes ein Kind, das mit einem Stein bis auf die Höhe der Sonne wirft und eine der Flugmaschinen mit dem Davidsstern trifft und beschädigt. Man sagt, dass die Sonne in Kinderzeichnungen als Symbol für den Wunsch nach dem Sein, dem Erscheinen in der Welt, steht. Die Sonne hier weinte in roter Pastellfarbe, Tränen aus Blut.

Wird ein einseitiger Waffenstillstand ausreichen, diese Traumata zu lindern?

Restiamo umani.

Die Spuren der Toten

20 Januar 2009-06-30

„Wenn die enormen Zerstörungen im Gazastreifen bekannt werden, kann ich nicht mehr als Tourist nach Amsterdam gehen, sondern nur noch, um vor dem Internationalen Gerichtshof in Den Haag zu erscheinen". Diese Worte hat ein israelischer Minister, der anonym bleiben wollte, der Tageszeitung *Ha'aretz* gesagt.

Humanitäre Organisationen und einzelne empörte Bürger aus aller Welt versuchen derzeit tatsächlich, das israelische Heer und die Regierung vor Gericht zu ziehen in der Hoffnung, dass Ermittlungen gegen die Kriegsverbrechen aufgenommen werden, mit denen sich Israel in den 22 Tagen des Massakers befleckt hat. Bei ihren öffentlichen Auftritten geben sich die Militärs und Regierungsvertreter unbesorgt: sie erklären, handfeste Beweise dafür zu besitzen, dass die bombardierten Häuser in Wirklichkeit logistische Zentren der Terroristen der Hamas gewesen seien. Nur, damit wir uns recht verstehen: wir sprechen von mehr als 20.000 zerstörten Häusern und mehr als 1.300 Todesopfern.

Um mich der chirurgischen Präzision zu versichern, mit der die hypothetischen neuralgischen Zentren des islamischen Terrors getroffen wurden, bin ich nach Jabal Al Dadour gefahren – im Norden des Streifens – einem der am meisten von der israelischen Artillerie beschossenen Gebiete. Dutzende von Gebäuden dem Erdboden gleich gemacht, mithilfe der mastodontischen Bulldozer der Firma Caterpillar (die zu boykottieren ist), welche die Geräte eigens zum Einebnen palästinensischer Häuser produziert; sie dienen den Panzereinheiten als Wegbereiter bei dem Werk der Zerstörung. Zwischen den Ruinen Männer und Frauen auf der Suche nach noch Nutzbarem, etwas Kleidung, ein paar völlig eingestaub- te Schulbücher, Familienfotos in zerbrochenen Rahmen. Ich konnte keine Reste von Waffenarsenalen ausmachen, sondern ausschließlich abgedeckte Wohnhäuser, in denen die Nutzung als Salon, Schlafzimmer oder Küche in der Asche noch zu erkennen war.

Abu Omar, Molekularbiologe, lud mich ein, mir die Reste seiner Wohnung anzusehen wie auch die seines Nachbarn Osama, eines Kinderarztes, dessen Wohnung einem Emmentaler glich. Die Durchschlagskraft der Geschosse hat die Früchte des angrenzenden Orangenhains mitgerissen und gegen das Haus geschleudert. Ihr Saft, mit geronnenem Blut vermischt, sieht auf dem Fußboden aus wie das Bild eines naiven Malers.

Ein Greis mit der *kefia* um den Kopf gewickelt nähert sich und fragt nach der Herkunft von Natalie, unserer libanesischen Begleiterin vom ISM. Mit dem Stock in der Luft beschreibt er einen großen, die Szenerie umfassenden Bogen und sagt: „Beirut und Gaza, dasselbe Bild, derselbe Künstler". Auch der Taubenstall von Osama ist nicht verschont geblieben von den Explosionen: die Vögel liegen am Boden wie von einem zu schweren Himmel erschlagen, schwer wie „Gegossenes Blei". „Sie wollten wohl die palästinensische Luftwaffe ausschalten oder dachten, dass die Tauben Partisanen aus der Nachrichtenabteilung der Hamas seien...", scherzte ich und rang dem Kinderarzt ein bitteres Lächeln ab.

Unterwegs mit unserem Klappertaxi kreuzen wir den Weg des Generalsekretärs der UNO Ban Ki-Moon: eine lange Kolonne von glitzernd neuen Geländewagen mit verdunkelten Scheiben jagt an uns vorbei, als ob die Erde unter ihnen bebte. So war es ja bis vorgestern auch buchstäblich.

In dem riesigen und nicht mehr zu rekonstruierenden Puzzle in Jabal Al Dardour höre ich meinen Namen rufen und sehe plötzlich Abu Ashrafa vor mir stehen. Wir sahen uns bei der Trauerfeier für seinen Sohn, der im November bei einer Bombardierung das Leben ließ, und das, als Israel und die westliche Welt von einem Waffenstillstand redete. Er hat einen anderen Verwandten verloren und sein Haus ist vom

Sockel gerissen worden. „Ich habe kein Tier mehr, nicht einen Stein, nicht eine Olive haben sie stehen gelassen, das sind keine Menschen", sagte er, während er mich zu seinem Olivenhain führte.

Viele der hundertjährigen Bäume wurden von den israelischen Bulldozern herausgerissen. Wie zum Ersatz für die Leben, die scheinbar unauflöslich an ihre Herkunft, Identität und Sehnsucht nach Gerechtigkeit gebunden sind. Ein Stück weiter baute sich ein Mann vor mir auf und fragte mich, ob ich der Meinung sei, dass alle Palästinenser Krieger der Hamas seien. Aus einem der Fenster seines entkernten Hauses hängt die gelbe Fahne der Fatah. „Der bewaffnete Widerstand gibt uns Hoffnung und Würde, wir verteidigen unsere Erde mit Zähnen und Klauen, wie wir unsere Tochter vor einer Vergewaltigung verteidigen würden", sagt der Kämpfer der Fatah zu mir. Wenn es Israels Ziel gewesen sein sollte, die Hamas zu marginalisieren und auszuschalten, so haben sie das genaue Gegenteil erreicht, weil die Bomben einen Teil der nationalen Einheit wieder aufgerichtet haben. Der Lackmustest für diese neue Situation ist die *mukawama*, der palästinensische Widerstand, der heldenhaft den Vormarsch des israelischen Heeres aufzuhalten versucht hatte. Die langbärtigen Islamisten von der Brigade Ezzedin al-Qassam, der bewaffnete Arm der Hamas, hatte Seite an Seite gekämpft mit den spitzbärtigen Spitzbuben der marxistischen Krieger der Volksfront sowie auch mit den Märtyrern von al- Aqsa der Fatah. Nur die Zeit kann zeigen, ob diese wiedergefundene Einheit ein Echo in der Zivilgesellschaft und der Politik haben wird.

Wir ließen die Mondlandschaft der von Gebäuden befreiten Gegend in Jabal Al Dardour hinter uns und blieben bei einem schmollenden Jungen stehen, der auf dem Schutthaufen dessen saß, was einmal sein Wohnblock war. Wir fragten ihn, was ihm gerade durch den Kopf ging. In seinen einfachen Worten ließ er uns verstehen, dass er die Hamas und ihren Widerstand für die wahren Verursacher dieser Katastrophe hielt. Mütterlich nahm Fida, unsere Genossin vom ISM, ihn beiseite und erzählte ihm ihre Geschichte. Wie die Soldaten 2004 in Rafah einmarschiert waren und ganze Viertel auslöschten, genauso wie den Ort, an dem wir uns in diesem Augenblick befanden. Damals gab es keine Hamas, aber die Fatah und ihr Führer Arafat waren Terroristen, die als Hauptfeinde ausgeschaltet und aus dem Gazastreifen entfernt werden mussten. Statt der Fatah wurden auch damals unterschiedslos Dutzende von Zivilisten ermordet, auch das Haus unserer Freundin war bis auf die Grundmauern zerstört worden. Auf dem Rückweg nach Gaza Stadt fiel unser Auto in einem Graben, der von den Raupenketten der Panzer in den Asphalt gerissen worden war. Der Taxifahrer drehte sich um und sagte zu mir: „Der Tod ist hier vorbeigekommen und hat seine Spuren hinterlassen". Wer weiß, wie viel Zeit es brauchen wird, um diese Erde wieder zu heilen und die Wunden vernarben zu lassen.

Restiamo umani.

Bezeugende Tränen

22 Januar 2009

Nach einigen Tagen der Abwesenheit überschritt ich die Schwelle meiner Wohnung am Hafen von Gaza Stadt. Es war alles so wie ich es verlassen hatte: die Gasflasche leidet unter der ökonomischen Situation, es ist zu teuer, sie aufzufüllen, der Strom bleibt von fremder Hand gekappt. Das Panorama vor meinen Fenstern ist verwandelt, es verschafft mir keinen Trost mehr angesichts der Armseligkeit eines Lebens unter israelischer Belagerung, sondern dreht mir nun das Messer in der Wunde eines unheilbaren Traumas herum: der Zeugenschaft an einem Massaker. Von der Feuerwehrstation zwanzig Meter von meiner Haustür ist nur ein riesiger Krater übrig geblieben, in dem eine Gruppe Kinder herumtollt, als wollten sie den Eltern ihre Angst mit Gewalt austreiben.

Der Ruf zum Nachmittagsgebet hat nicht mehr den tröstenden Singsang des *muezzin*, an den ich mich gewöhnt hatte. Wer weiß, wo er hin ist, ob er es geschafft hat, hoch oben in irgendeinem der wenigen stehengebliebenen Minarette zu überleben. Als ich ihm das letzte Mal zugehört hatte, war der liturgische Vortrag dieses unbekannten *muezzin* von einem schweren Hustenanfall unterbrochen worden. Ein Husten, gegen den auch ich nicht immun bin, wird er doch von den Gasbomben ausgelöst, denen im Gazastreifen niemand entkommen konnte. Unter der Fenstertür, die auf einen kleinen Balkon geht, habe ich eine Nachricht gefunden, wie von Freundeshand dort abgelegt. Der Balkon und die ganze Straße waren übersät mit diesen von den israelischen Flugzeugen abgeworfenen Flugblättern: sie fordern die palästinensische Bevölkerung auf, weiterhin wachsam zu bleiben, Israel habe seine Augen und Ohren überall *„bei nur dem kleinsten offensiven Akt gegen Israel werden wir erneut in den Gazastreifen ein-*

dringen und das, was ihr in diesen Tagen erlebt habt, wird nichts sein, verglichen mit dem, was Euch dann erwartet".

Auf der Straße hatten einige Jugendliche schon damit begonnen, die Flugblätter einzusammeln und Papierflieger daraus zu bauen, die sie dann versuchten an den Absender zurück zu schicken. Ahmed erzählte mir noch von einem anderen Spiel, dass sich die Jugendlichen ausgedacht haben: bis vor einigen Tagen machten sie sich ein Vergnügen daraus, mit den Resten der weißen Phosphorbomben, die überall im Gazastreifen herum liegen, Feuer zu entfachen. Die Überreste dieser Geschosse von hoher chemischer Reaktionsfähigkeit haben die nahezu unvergängliche Fähigkeit, sich zu entzünden: wenn man sie Tage nach ihrer Detonation findet und aufeinanderschlägt, können sie sich immer noch entzünden. Die Arzthelfer des Al Quds Krankenhauses erzählen, wie sie sehr rasch aufgegeben haben, die von diesen Bomben ausgelösten Brände zu löschen, denn die Flammen werden von Wasser nur noch genährt. „Die Früchte all der Scheiße, die sie uns in den letzten drei Wochen auf den Kopf geschmissen haben, werden wir in näherer Zukunft in Form von Tumoren und Missbildungen bei den Neugeborenen ernten", sagte mir Munir, Arzt im Al Shifa.

Wie in Sderot so haben auch in Ashkalon israelische Bürger eine formelle Anfrage an ihre Regierung gestellt und um Aufklärung über die in den vergangenen drei Wochen verwendeten Waffen gebeten: es ist einleuchtend, dass abgereichertes Uran und weißer Phosphor in krimineller Menge auf dem Handtuch des Gazastreifens ausgebracht keinen Unterschied zwischen Juden und Anhängern des Islam machen werden, wenn es darum geht, genetische Schäden zu verursachen.

Eigentlich sollte strikter Waffenstillstand herrschen, aber auch heute werde ich vom donnernden Grollen der Kanonenschüsse von den Kriegsschiffen geweckt, genau wie vor ein paar Tagen während der Bombardierungen. Mit Netzen ausgerüstet versuchten einige Fischer an Bord ihrer kleinen

Schaluppen den Hafen zu verlassen. Die israelische Marine hat sie sofort zurückgepfiffen. Mittlerweile ist der einzige Fisch, den man in Gaza noch kaufen kann, ägyptischer Thunfisch in Dosen, der im letzten Monat durch die Tunnel ins Land kam. Im Osten von Gaza Stadt gab es noch weitere „Kollateralschäden" durch israelische Bomben: zwei Kinder sind in die Luft geflogen, als sie mit einem nicht explodierten Sprengkörper spielten. Zeugen berichten von ausgelegten Minen direkt vor den Trümmern der Häuser in Tal el Hawa. Ein von der Hamas gesandtes Sprengkommando hat die Minen entschärft und als ich sah, wem sie sie auf seinem Pick up mitgaben, wurde mir klar, dass womöglich bald auch die Al Qassam Brigade versuchen wird, diese Post an den Absender zurückzuschicken.

An keiner Stelle wird einem die israelisch-palästinensische Grenze markanter vor Augen geführt, als vom Dach des Hauses von Naema. Auf der einen Seite die saftiggrünen und immer bewässerten Hügel der israelischen *kibbuz*, auf der anderen die Dürre einer von Brunnen und Viehweiden befreiten Erde. Naema hat mir ihre letzten Tage erzählt, ein riechendes, tastendes und hörendes Zeugnis des Massakers. Kein sehendes, denn Naema ist blind. Die Soldaten hatten die Evakuierung des Dorfes, in dem sie lebte, nur wenige Minuten vor ihrem Einmarsch angekündigt. Die Männer hatten die kleinen Kinder auf die Schultern genommen und dann mit den Frauen das Weite gesucht. Naema war dort geblieben, um ihre Flucht nicht zu verlangsamen. Sie hatte sich in ihre vier Wände zurückgezogen und die Nachbarn bei sich aufgenommen, die nicht wussten, wohin sie sich wenden konnten; drei Frauen, eine Greisin und ein gelähmter alter Mann. Panzer und Bulldozer überrollten alles und begannen, Hass zu säen, Hektar um Hektar verschlingend, bis sie vor dem Haus von Naema Halt machten. Das Gebäude, in dem sie lebt, erhebt sich auf einem Hügel und liegt etwas oberhalb des Dorfes. Die Soldaten der Tsahal be- trachteten die Position als strategisch und besetzten das Haus für zwei Wochen. „Während all dieser Zeit brachten sie uns nur zweimal etwas zu trinken, das Essen bestand aus den Resten der Soldatenrationen. Wir durften nicht auf die Toilette gehen und mussten unsere Notdurft in einer Ecke des Raumes vollbringen. Sie erlaubten uns nicht, miteinander zu reden, und zogen beim Abendgebet über uns her" erzählt Naema, „sie forderten uns mit einer Waffe im Genick auf, unsere Zugehörigkeit zur Hamas zu gestehen, beschimpften uns, wenn wir nicht gehorchten".

Am Ende des elften Tages in diesem Gefängnis konnte das Internationale Rote Kreuz endlich zu dem Ort vordringen und die sechs Palästinenser aus ihrem Gefängnis befreien. „Wir durften nichts mitnehmen, mir haben sie noch nicht mal meine Sonnenbrille erlaubt", beschließt diese Frau ihre Erzählung und fügt noch an, dass sie nach ihrer Rückkehr in ihre Wohnungen die Diebstähle der Soldaten feststellen mussten: alles versteckte Geld und Gold haben sie mitgenommen, nachdem sie die wenigen Besitztümer zerstört hatten, wie zwei Fernseher, ein Radio, einen Kühlschrank und die Solarpaneele auf dem Dach. Hinter ihrer neuen dunklen Brille sah ich die Tränen aus Naemas Augen rinnen und sie schienen mir in diesem Moment die strahlendsten, die ich je sah. In Wirklichkeit hat Naema mit ihren erloschenen Augen mehr Dinge gesehen, als eine junge Frau ihres Alters Gelegenheit gehabt haben sollte - so lange sie nicht das Pech hat, in dieser gequälten Weltecke geboren zu werden.

Restiamo umani.

JULI 2009: Der Herd der Katastrophe glüht weiterhin

I

Die Belagerung ist der Mittelpunkt des Nichts. Sie ist der Mittelpunkt des menschlichen Elends. Der Mittelpunkt der Gewalt. Der Mittelpunkt der Verzweiflung unter einem wachsenden Gefühl der Hoffnungslosigkeit"
John Ging, Leiter der UNRWA
(Agentur der UNO für die palästinensischen Flüchtlinge)

Sechs Monate nach dem Ende der israelischen Offensive „Gegossenes Blei" erscheint der Gazastreifen immer noch wie vergewaltigt, wie das Epizentrum eines grauenhaften Erdbebens, das gerade stattgefunden zu haben scheint.

Nichts hat sich verändert seit dem 18. Januar 2009, dem letzten Tag der Bombardierungen. Die offenen Wunden sind bis heute gut sichtbar: der ganze Streifen ist zu weiten Teilen ein großer Trümmerhaufen.

Die viel besprochenen Projekte zum Wiederaufbau bleiben wo sie sind, nämlich auf dem Papier.

Nichts ist geschehen, außer, dass ein paar Hände voll Dollars verteilt wurden, um einige Schutthaufen von einer in die andere Ecke zu schieben.

Die andauernde Blockade durch die Israelis zu Land, Luft und See hat bisher das Eintreffen vieler Hilfsgüter in Gaza unterbunden. Nach einem Bericht des Amtes für die Koordinierung humanitärer Angelegenheiten der UNO (OCHA) hat das Importverbot von Baumaterial und Maschinenersatzteilen sowie das Verbot finanzieller Transaktionen die Durchführung fast aller Wiederaufbauprojekte bis dato vereitelt.

Während des letzten Massakers sind durch die israelischen Bombardements 21.000 Zivilgebäude zerstört oder beschädigt worden, zusätzlich 57 medizinische Zentren, 51 öffentliche Gebäude und 59 Schulen der UNO, 1.500 Läden und Handwerksbetriebe, in 20 Orten wurden das Wasser- und Abwassernetz sowie die Elektrizitätsverteiler zerstört, der Gesamtschaden wird auf eine Summe von rund 1,9 Milliarden Dollar beziffert.

100.000 Palästinenser waren plötzlich ihrer Häuser beraubt und viele sind gezwungen, auf lange Sicht in Zeltstädten zu leben, wie in Zaitoun ebenso wie in Abed Rabbo.

Eine äußerst dramatische Szenerie, die einem die *al-Nakba,* die palästinensische Katastrophe von 1948/49, zurück ins Gedächtnis ruft, als nach den ethnischen Säuberungen durch die Israelis hunderttausende Palästinenser von ihrem Land vertrieben wurden und ihr erhofftes neues Leben in Zelten in Flüchtlingslagern begannen.

Der Wiederaufbau geht auch wegen des andauernden Einfuhrverbotes von Zement und anderem Baumaterial nicht voran. Nicht einmal Rohre und Ersatzteile zur Wiederherstellung des Wasser- und Abwassernetzes erhalten den israelischen Passierschein, wodurch 250.000 Personen gezwungen sind, ohne Leitungswasser zu leben, während gleichzeitig 40% der Bevölkerung keinen Strom hat, weil die Stromkabel und Ersatzteile ebenfalls dem Einfuhrstopp unterliegen.

Israel motiviert das Einfuhrverbot von Zement damit, dass die Palästinenser damit nur neue Tunnel in Rafah bauen würden. Tunnel, welche die einzigen Durchlassventile für die Versorgung mit Lebensmitteln und Gebrauchsgütern darstellen für eine Zivilbevölkerung, die seit nun mehr als zwei Jahren im unerbittlichen Schraubstock der Belagerung gefangen ist. Die Einfuhr von Metall wird von Israel mit der Begründung verwehrt, dass die bewaffneten Gruppen daraus nur die berüchtigten handgemachten Kassam-„Raketen" zusammenbasteln würden. Sogar Glas unterliegt dem Einfuhrverbot, die Erklärung dafür entzieht sich meiner Kenntnis. Auffällig sind jedenfalls die vielen Plastikbahnen in den Fenstern der großen Krankenhäuser und anderer Gebäude, wo früher Fensterscheiben waren, die durch die Explosionen zu Bruch gingen.

Neben den Materialien für den Wiederaufbau setzt sich diese Liste aus unendlich vielen Konsumgütern des täglichen Bedarfs zusammen, deren Einfuhr in den Gazastreifen von Israel unterbunden wird. Insgesamt sind nur 40 kommerzielle Gebrauchsgüter zugelassen im Streifen – im Verhältnis zu 4.000 kommerziellen Gütern, welche *vor* der Belagerung zugelassen waren. Wöchentlich wird von COGAT (*Coordinator of Government Activities in the Territories*), einer zehnköpfigen Kommission aus Vertretern des israelischen Heeres, entschieden, welche Nahrungsmittel und Produkte zugelassen werden, um den 1,5 Millionen Palästinensern ein Überleben zu ermöglichen. Die wenigen frei erlaubten Dinge des täglichen Lebens lassen sich in drei Kategorien zusammenfassen: Nahrung, Medikamente und Waschmittel. Alles Weitere ist verboten: Baumaterial für Häuser und Rohrleitungen für Wasser, Ersatzteile für Maschinen und Autos, Stoffe, Nähgarn, Nadeln, Lampen, Kerzen, Feuerzeuge, Musikinstrumente, Bücher, Kleidung, Schuhwerk, Matratzen, Laken, Decken, Besteck, Geschirr, Tassen und Gläser sowie lebendes Vieh. Die Militäroberste Moshe Levi, Alex Rosenzweig und Doron Segal, die als offizielle Entscheidungsträger fest im COGAT arbeiten, haben kürzlich ihre wohlwollende Zustimmung für die Einfuhr von Bananen, Kakifrüchten, Äpfeln, Kürbissen und Karotten ausgedrückt, während dagegen Aprikosen, Pflaumen und Avocados als Luxusgüter zu verstehen seien. Sogar Melonen gibt es seit kurzer Zeit hier für die palästinensische Bevölkerung auf Beschluss von COGAT, die damit den israelischen Markt entlasten wollten. Aber „Köstlichkeiten" wie Kirschen, Kiwis, Mandeln, Granatäpfel und Schokolade sind ausdrücklich verboten. Die Entscheidung darüber, welche Produkte als „Luxus" qualifiziert werden, wechselt von Woche zu Woche, manchmal sogar von Tag zu Tag. Selbst Nudeln waren in der Vergangenheit verboten, sind aber nun zugelassen, nachdem der nordamerikanische Senator John

Kerry bei einem Besuch des Gazastreifens sein Erstaunen über dieses Verbot geäußert hatte. So finden sich also nun Nudeln in den Regalen der Läden, aber weiterhin weder Tiefkühlprodukte, Dosenfleisch, lebenswichtige Medikamente, Tee, Kaffee, Weizenmehl, noch Wurstwaren oder Käse- und Milchprodukte. Nur eine begrenzte Menge an Kraftstoff ist zugelassen, was dazu führt, dass die Elektrizitätswerke oft auf dem Trockenen sitzen und somit Gaza tägliche Stromausfälle hat, die das Land nachts von oben wahrscheinlich wie ein Leopardenfell aussehen lassen.

Israel lässt trotz aller Wechsel von Ministern und Regierungen konstant verlauten, dass es im Gazastreifen keine humanitäre Krisensituation gibt, und wird nicht müde auf die täglich knapp hundert LKW-Ladungen mit Hilfsgütern hinzuweisen, welche die Grenzübergänge nach Gaza passieren dürfen. Schade nur, dass die UNO der Meinung ist, dass mit fünfhundert LKW-Ladungen gerade einmal das Minimum des täglichen Bedarfs der belagerten Zivilbevölkerung gedeckt sei. Der UNICEF zufolge hat sich die Situation in Gaza seit den israelischen Bombardements dramatisch verschlechtert. Vor der Operation „Gegossenes Blei" waren 80% der Bevölkerung von humanitären Hilfen abhängig. Nach den Bombardierungen ist diese Zahl auf 88% hochgeschnellt, und das in nur 22 Tagen.

An den Straßenecken hat sich die Zahl der bettelnden Kinder vervielfacht, manche versuchen kleine Sträuße Petersilie und Minze zu verkaufen, ihre Gesichter sind schmutzig und ihre Kleidung besteht aus Flicken. Wer weiß, was aus ihren Familien geworden ist.

Für mich als linker Italiener war es paradox, am 1. Mai zusammen mit den kommunistischen palästinensischen Organisationen in einem Land zu demonstrieren, dessen Arbeitslosenquote mittlerweile 70% übersteigt.

So wie die Maßnahmen der Belagerung seit Januar 2009 nur noch grausamer geworden sind, was den Warenfluss innerhalb des Streifens angeht, so gilt diese Verschärfung auch der Bewegungsfreiheit seiner Bewohner. Der Grenzübergang in Rafah zu Ägypten öffnet an ein paar Tagen im Monat seine Schranken, aber von den tausenden von Palästinensern mit gültigen Reisepapieren und vorschriftsmäßigen Visa für Europa oder Amerika, die jedes Mal dicht gedrängt auf einen Durchlass hoffen, gelingt es tatsächlich nur ein paar Hundert, die Erlaubnis für ein paar Tage frischer Luft außerhalb dieses gewaltigen Gefängnisses unter freiem Himmel zu erhaschen.

Es sei daran erinnert, dass zwischen Juni 2007 und Juli 2009 346 Todesfälle registriert worden sind, die auf das Fehlen von medizinischen Behandlungsmöglichkeiten innerhalb des Gazastreifens zurückzuführen sind. Die Patienten besaßen alle erforderlichen gültigen Dokumente, um in besser ausgestatteten Krankenhäusern der westlichen Welt behandelt werden zu können, aber Israel mit Ägypten als Komplizen verurteilte sie zum Sterben, während sie in vergeblicher Hoffnung vor den versiegelten Grenzübergängen warteten.

Tote und Lebende werden exemplarisch bestraft für das „Verbrechen", sich ihre Regierung mithilfe von freien und demokratischen Wahlen selbst ausgesucht zu haben und dem besser bewaffneten Unterdrücker nicht unterliegen zu wollen.

Restiamo umani.

„Wir bilden Jungs darin aus, Napalm auf Menschen zu abzuwerfen, aber ihre Kommandeure wollen nicht, dass sie „Schwanz" auf ihre Flugzeuge schreiben, weil das ein obszönes Wort ist"
(Oberst Kurtz - APOCALYPSE NOW)

II

Das israelische Heer hat sich selbst von jeder Schuld freigesprochen, nachdem es fünf „Untersuchungen" durchgeführt hat. Die Schlussfolgerungen lauten: *„Während der Gefechte in Gaza haben die israelischen Verteidigungskräfte im Einvernehmen mit den internationalen Gesetzen operiert"*. Die Tötung unbewaffneter Zivilisten wurde als *„operativer Unfall"* deklariert.

Amnesty International hat diese Schlussfolgerungen aus Mangel an Glaubwürdigkeit zerpflückt. Laut Amnesty *„liegt die Verantwortung, zu beweisen, dass diese Aggressionen wirklich gegen legitime militärische Ziele gerichtet waren, bei jenen, welche Bombardements, Artillerie- und andere Angriffe ausgeführt haben; es ist nicht die Aufgabe der Opfer, zu beweisen, dass sie nicht in Kampfhandlungen verwickelt waren. Zum heutigen Zeitpunkt beweisen die vom israelischen Heer bereitgestellten Informationen gar nichts. Die vom israelischen Militär durchgeführten Nachforschungen ersetzen keinesfalls die genaueren, unabhängigen und unparteiischen Untersuchungen, die notwendig sind"*. In ihrem Juli-Bericht 2009 klagt die Menschrechtsorganisation Israel an, in dem Moment „Kriegsrecht gebrochen zu haben", in welchem „Waffen, die für den Gebrauch auf Schlachtfeldern geeignet sind, gegen die zivile Bevölkerung eingesetzt wurden, die im Gazastreifen ohne jede Fluchtmöglichkeit in der Falle sitzt".

Die Daten von *Amnesty International* offenbaren, dass die Angriffe auf Gaza an Umfang und Stärke „beispiellos" sind. Indem sie die Zahlen des Gesundheitsministeriums der Hamasregierung bestätigen, berichten sie, dass *„unter den 1.400 getöteten Palästinensern 300 Kinder und hunderte anderer unbewaffneter Zivilisten waren, die an dem Konflikt keinen Anteil hatten"*. Viele der Opfer fanden sich *„gefangen zwischen den*

Schusslinien der militanten Palästinenser und der israelischen Streitkräfte, wobei sie weder als menschliche Schutzschilde für erstere noch als militärisches Ziel für letztere gedacht waren. Viele wurden nachts in ihren Betten umgebracht, als sie im Schlaf in ihren Häusern von Bomben getroffen wurden". Die Ermittler von Amnesty haben festgestellt, dass der überwiegende Teil der Todesopfer verursacht wurde *„durch Präzisionswaffen mit außerordentlicher Zielgenauigkeit, die es dem Schützen erlauben, das Opfer in seinen kleinsten Details zu sehen und ins Fadenkreuz zu nehmen"*. Dadurch werden die Beteuerungen der israelischen Regierung, wonach die zivilen Opfer nur „Kollateralschäden" gewesen seien, unhaltbar.

In dem Bericht wird auch der Einsatz von Waffen mit weißem Phosphor verurteilt, die, im Gegensatz zu den anderen Waffen als „unpräzise Waffen" definiert werden, „die nie in dicht besiedelten Gebieten eingesetzt werden dürfen" wie etwa im Gazastreifen, der mit seinen 3.945,4 Personen pro Quadratkilometer zu den am dichtesten besiedelten Gebieten der Erde gehört.

Noch vor *Amnesty International* wurde durch einen Bericht der NGO **Human Rights Watch** (HRW) ein Licht auf die israelischen Kriegsverbrechen geworfen im Hinblick auf die verwendeten Waffen und die vom israelischen Heer angewandten Methoden während der Offensive in Gaza im Januar 2009, insbesondere wiederum auf den Einsatz von weißen Phosphorbomben. Die NGO argumentiert, dass das israelische Militär sehr genau um das tödliche Potential dieser Waffe wusste, dass alles, mit dem weißer Phosphor in Kontakt kommt, bis zum restlos en chemischen Abbau verbrennt und er bei Lebewesen auch Schäden an den inneren Organen hervorruft. Phosphorbomben, M825 genannt, sind eine 155mm-Munition, die beim Explodieren im Umkreis von 125 Metern 116 Fragmente aus brennendem Phosphor freisetzt. Die Tatsache, dass diese Geschütze von der Artillerie und der Luftwaffe auf bewohnte Gebiete abge- schossen wurden - so argumentiert die NGO - belegt *„eher eine*

Strategie oder ein Modell der Kriegsführung, als einen zufälligen Einsatz dieser Waffen". Die Lehrbücher der Militärs beschreiben den Einsatz von Waffen mit weißem Phosphor als Raucherzeuger, um den vorrückenden Soldaten zu erlauben, sich ungesehen zu bewegen. Dennoch haben die israelischen Generäle den Erkenntnissen des Ermittlers Fred Adams (HRW) zufolge *„den Einsatz dieser Waffen mit weißem Phosphor nicht als Sichtschutz für die Truppen in offenem Gelände befohlen. Wiederholt wurden sie auf dicht besiedelte Areale abgefeuert, auch wenn gar keine Truppen in dem Gebiet waren oder andere Raucherzeuger zur Verfügung gestanden hätten. Mit dem Ergebnis, dass die Zivilisten leiden und ohne jeden Grund sterben mussten."*

Ich erinnere mich, dass es das Internationale Rote Kreuz war, das während des Gemetzels die Stimme erhob, um die Verletzung der Menschenrechte von palästinensischen Verletzten und medizinischen Hilfskräften anzuzeigen. Zu guter Letzt wurde ihnen sogar innerhalb von Israel Beachtung geschenkt: die israelische humanitäre Organisation „Ärzte für Menschenrechte" (PHR) hat verurteilt, dass das israelische Militär während der Operation „Gegossenes Blei ethische Gesetze verletzt hat... *weil medizinisches Personal angegriffen wurde; medizinische Einrichtungen beschädigt wurden und unterschiedslos auf unbeteiligte Zivilisten geschossen wurde"*. Tsahal (das israelische Heer), fährt PHR fort, *„hat nicht nur den belagerten und verletzten palästinensischen Familien nicht erlaubt, sich zu evakuieren, sondern hat auch den palästinensischen Ersthelfern verboten, den Verletzten zu Hilfe zu eilen"*. Im Einzelnen wurden sechzehn Mitglieder des palästinensischen medizinischen Personals in den Kämpfen getötet, weitere 25 wurden verwundet, als sie der Bevölkerung Erste Hilfe leisteten.

Obwohl der israelische Verteidigungsminister Ehud Barak weiterhin das israelische Heer als „das moralisch sauberste Heer der Welt" bezeichnet, weigert Israel sich, bei der Ermittlung der Geschehnisse durch den UN-Rat für Menschenrechte zu kooperieren, der von dem Richter Richard Goldstone geleitet wird, welcher deutlich die Absicht zum Ausdruck gebracht hat, die Verletzungen internationalen Rechts auf allen Seiten der an dem Konflikt beteiligten Parteien in Gaza und Südisrael zu untersuchen.

Die Weigerung Israels darf indes nicht weiter überraschen, denn nur eine wahrhaftige Demokratie ist in der Lage, sein Heer wegen Kriegsverbrechen vor Gericht zu bringen.

Während in den Adiv-Läden im Süden von Tel Aviv T-Shirts mit Aufdrucken wie „Better use Durex" (Nimm lieber ein Kondom) darunter ein Foto eines ermordeten palästinensischen Kindes im Arm seiner weinenden Mutter, oder mit „One shot, two kills" (Ein Schuss, zwei Tote) darunter die Zeichnung einer schwangeren Palästinenserin mit dem Fadenkreuz auf ihrem Bauch, unter den Militärs reißenden Absatz finden, gelangen nach und nach die Berichte der israelischen Soldaten an die Öffentlichkeit, die direkt an der Offensive „Gegossenes Blei" beteiligt waren. Erzählungen, die einem das Blut in den Adern stocken lassen, wie von einigen dutzend Anwärtern der Militärakademie Yitzhak Rabin, welche einem ein Gefühl von der „hohen Moral" der Tsahal, dem israelischen Heer, vermitteln:

„Da war ein Haus mit einer Familie darin - erinnert sich der Kommandant einer kleinen Infanterieeinheit - *Wir befahlen der Familie, alle in einem Zimmer zu bleiben. Später gingen wir weg als eine neue Abteilung ankam. Nach einigen Tagen kam der Befehl, die Familie frei zu lassen. Wir hatten einen Scharfschützen auf dem Dach postiert. Der Kommandant ließ die Familie frei und sagte ihnen, sie sollten nach rechts gehen, er hatte jedoch vergessen, den Scharfschützen davon zu unterrichten, dass diese Leute frei kämen und alles OK war, er also nicht schießen sollte".* Aber anstatt nach rechts geht die Mutter mit den beiden Kindern nach links. Der Scharfschütze sieht, wie sie sich der Linie nähert, die nach seinen Befehlen von niemandem überschritten werden durfte. Und so *„eröffnete er sofort das Feuer und erschoss sie".*

„Ich glaube nicht - fährt der Bericht fort - *dass er sich deswegen besonders schlecht gefühlt haben wird. Die allgemeine Atmosphäre war, nach allem was ich in Gesprächen mit meinen Männern verstanden habe, wie soll ich sagen, dass ein palästinensisches Leben sehr viel weniger Wert hatte, als das Leben unserer Soldaten"*. Eine andere Frau, schon alt, wurde abgeknallt, während sie einige hundert Meter von ihrem Haus entfernt unterwegs war. *„Ich habe keine Ahnung, ob sie wegen irgendetwas verdächtigt wurde, oder nicht, ich kenne ihre Geschichte nicht… Alles was ich weiß, ist, dass mein Vorgesetzter einige Männer auf das Dach schickte, um sie kalt zu machen... Es war ein kaltblütiger Mord"*, liest man in einem der Zeugenberichte.

Ziemlich elastische Verhaltensnormen, um es einmal salopp auszudrücken, *„hemmungslose Verachtung"*, ein Kult der physischen Gewalt, das Vorurteil, dass *„alle Palästinenser Terroristen sind"*. Neben den Fällen von unangekündigtem Feuer auf Zivilisten beschreibt ein Kommandant einige Episoden von Vandalismus in den besetzten palästinensischen Häusern: *"Tod den Arabern" auf die Mauern zu schreiben, Haushaltsgeräte, Geschirr und Möbel zerstören. Die Fotos von Familien zu nehmen und anzuspucken. Sich so zu verhalten, nur weil es die Gelegenheit erlaubt, ist, glaube ich, ein sehr wichtiges Indiz für den Niedergang der Moral in den israelischen Truppen"*.

Die israelische Regierung hat versucht, diese Berichte zu verharmlosen und als vereinzelte Ausrutscher von „schwarzen Schafen" in einer Herde aus lauter unschuldigen Lämmern darzustellen.

Restiamo umani.

Toleranz wird zum Verbrechen,
wenn sie gegen das Böse ausgeübt wird.
(Thomas Mann)

III

Die Palästinenser in Gaza überleben und erleiden ihr Schicksal, ohne je mitreden zu können. Ein erbitterter und ferner Gegner hält die blutige Feder in der Faust, mit der ihre Schicksale aufgezeichnet werden; er entscheidet auch über den richtigen Zeitpunkt für die Agonie von 1,5 Millionen Menschen in Abhängigkeit von den wechselhaften Stimmungen einer blutrünstigen Wählerschaft.

Hier unten weiß ein jedes Kind, dass das letzte Massaker auch ein Schlachtfest mit einer Funktion im Hinblick auf die anstehende Wahl war. Mehr als 1.400 Tote, darunter 85% Zivilpersonen, haben die Zustimmung für Olmert und Livni in die Höhe getrieben, aber nicht ausreichend genug, um gegen Netanyahu zu gewinnen, ein Mann, oft in Karikaturen dargestellt mit einem Kopf in der Form einer Kanone und den Raupenketten eines Panzers anstelle der Füße. Das Programm der gerade eingesetzten Regierung Netanyahu ist klar und deutlich: Ausweitung der Siedlungen im Westjordanland, offener und unbegrenzter Krieg gegen die Hamas. Zur allgemeinen Verblüffung großer Teile der westlichen Diplomatie wurde Avigdor Lieberman, dem Führer von Yisrael Beitenu („Israel ist unser Haus"), der heikle Außenministerposten anvertraut. Der Vertreter der drittstärksten politischen Kraft in der Knesset hat während des Wahlkampfes sein drastisches Projekt, eine Atombombe auf den Gazastreifen zu werfen, vorgestellt: *„Wir müssen den Krieg bis zur Zerstörung fortführen. Wir müssen genau das tun, was die Amerikaner im 2. Weltkrieg in Japan getan haben, dann ist es auch nicht mehr nötig, Gaza zu besetzen".* Grade eben frisch in sein Amt eingeführt, wollte Lieberman seine Vision von Shalom, Salama, dauerhaftem Frieden, noch einmal bekräftigen: *„Wenn*

Du den Frieden willst, bereite Dich auf Krieg vor". Deutlicher kann man es kaum noch ausdrücken: in Gaza stirbt man.

Olmert, Livni, Barak, Netanyahu, Lieberman; mit diesen Personen, die ohne Weiteres vor jedem Internationalen Gericht für Menschenrechte angeklagt werden könnten, unterhalten die westlichen Potentaten leutselige diplomatische Kontakte, während man auf der anderen Seite mit der Hamas nicht nur nicht spricht, sondern sie stattdessen mit einem Embargo überzieht. Auf diese Weise werden gemeinsam mit der einzigen demokratisch gewählten Regierung in Palästina gleich noch 1,5 Millionen Palästinenser kollektiv mitbestraft.

Meine Genossen vom ISM und ich fahren fort mit unseren friedlichen und gewaltlosen Aktionen, um diese Zivilgesellschaft im Würgegriff einer kriminellen Besatzung zu unterstützen.

Israel erzählt der Welt von einem Waffenstillstand, der nicht stattfindet: in Gaza wird zwar kein Blei mehr gegossen, aber die Kugeln fliegen uns immer noch regelmäßig um die Ohren.

Sporadisch werden weiterhin die Tunnel in Rafah bombardiert und die palästinensischen Bergarbeiter lebendig begraben, während die Bauern täglich auf ihren Feldern in Grenznähe von Heckenschützen aufs Korn genommen werden. Nach Beendigung der Bombardierungen hat Israel einen Streifen von einem Kilometer Breite entlang der Grenze in das Gebiet des Gazastreifens hinein zum militärischen Sperrgebiet erklärt. Eine völlig willkürliche und zudem illegale Einschränkung; man stelle sich vor, was ein Kilometer für einen Streifen Land wie den Gazastreifen bedeutet, der an manchen Stellen nur sechs Kilometer breit – oder besser schmal – ist. Innerhalb dieses Kilometers leben Tausende von Personen und wenn sie dort auch nicht wohnen, so nutzen sie doch diese Erde zum Anbau von Feldfrüchten, um gerade so eben ihren Hunger stillen zu können.

Als ob das Blei der Kugeln gegen diese unbewaffneten Zivilisten nicht ausreichen würde, vergnügt sich die israelische Armee auch noch als Brandstifter. Sie dringt über die

Grenze in den Streifen ein und setzt die Felder der Palästinenser in Brand, speziell Gerste- und Weizenfelder, deren Erträge für hunderte von Familien die einzige Einnahmequelle darstellen.

Jeden Morgen werde ich von den Artilleriefeuern der israelischen Marine aus dem Schlaf gerissen, wenn sie hier vor dem Hafen auf die übriggebliebenen palästinensischen Fischkutter schießen, um sie daran zu hindern, weiter als drei Meilen entfernt vor der Küste zu fischen. Eine weitere einseitige und illegale Beschränkung durch Israel als Maßnahme der kollektiven Bestrafung, die Artikel 33 der 4. Genfer Konvention verletzt.

In den letzten Monaten wurden etwa dreißig Fischer entführt und nach Israel gebracht, ihre Boote wurden konfisziert.

Seit dem 18. Januar werden 25 palästinensische Opfer gezählt, darunter viele Fischer und Landwirte. Im gleichen Zeitabschnitt jedoch verursachten die gelegentlichen Abschüsse von Kassam-„Raketen" keine Opfer auf israelischer Seite.

Landwirtschaft und Fischerei zu verhindern, Fischkutter mit Schüssen zu überziehen, Bewässerungssysteme auf den Feldern zu zerstören, Pflanzen herauszureißen und viele dutzende Hektare unter Anbau zu zerstören, mit Scharfschützen auf Fischer und Landwirte zu schießen und sie zu töten, all das ist Teil der systematischen israelischen Unterdrückung zum Schaden der Palästinenser. Diese andauernde Unterdrückung hat die Wirtschaft abgewürgt und die Bevölkerung verarmen lassen, so dass sie heute gezwungen ist, von humanitären Hilfen zu leben.

Manchmal wird ein junger Mann es leid, sich erschießen zu lassen, während er versucht, sich und seine Familie durchzulavieren. Vielleicht erschießen die Israelis auch seinen Bruder oder seinen Vater auf dem Feld oder dem Meer, und er lässt sich von einer Brigade anwerben und schießt ein paar Raketen auf Israel ab, genug um den Heldenmut und die Kampfkraft seines Volkes zu beweisen – vielleicht mehr sich selbst, als dem Feind.

Keine westliche Regierung protestiert gegen diese völkermörderische Belagerung von Gaza, aber für die blind abgeschossenen „Raketen", die meist noch nicht einmal größeren Schaden anrichten, sind von Europa bis Amerika sofort alle bereit, ein Massaker wie das letzte eben in Gaza begangene zu legitimieren. Wir wissen ebenso gut wie jene in Tel Aviv, dass praktisch niemand dazu bereit wäre, Kassam-Raketen auf Sderot und Ashkalon abzuschießen, wenn es den palästinensischen Landwirten und Fischern gestattet wäre, ihrer Arbeit genau so nachzugehen und ihr Leben zu leben wie ihre israelischen Kollegen. Aber die Lebensplaner in Militärkleidung unter dem Davidsstern haben entschieden, dass der Preis für jede Arbeit in Gaza sehr teuer bleiben muss: Menschenleben und Belagerung in Gaza, Unsicherheit an den Grenzen Israels.

Der große Wechsel, der mit der Amtseinführung von Obama im Weißen Haus herbeigesehnt wurde, ist ausgeblieben. Kein Mitglied seiner neuen Administration hat sich bisher dazu herabgelassen, Gaza einen Besuch abzustatten. Wie kann man die Situation im Mittleren Osten verbessern, wenn man sie nicht kennt und versteht?

Unter dem Rost des Verfalls und den Trümmern glitzert Gaza für sich wie ein Juwel und bleibt gleichzeitig doch ein Schandfleck für die Welt.

Wer, wie ich, das Schicksal der Gaza-Bewohner so nahe miterlebt hat, dass er fast auch zum Mitbürger und folglich Gefangenen ohne Fluchtmöglichkeit geworden ist, für den ist Gaza ein Symbol für den dauerhaften Widerstand gegen eine übermächtige Unterdrückung. Die Steinschleuder des kleinen David am Gürtel von Ahmed gegen einen Goliath, der Hebräisch spricht und sich bevorzugt mit DIME-Bomben und dem weißem Phosphor aus den Händen des ersten schwarzen Präsidenten Amerikas ausdrückt.

Ein Symbol des Kampfes für eine Menschheit, die nicht schweigend untergehen will und eine Schmach für die, welche sich mit ihrer Auslöschung schon abgefunden hatten.

Denn Gaza ist noch nicht zu einem dichten Gräberfeld am Mittelmeer verkommen, sondern es ist voller Menschen mit unbeugsamem Geist und undurchdringlichen Gesichtern, die in eine unbekannte Zukunft blicken.

Restiamo umani.

Nachwort

von Maria Elena Delia

Es gibt eine unsichtbare Gruppe von Menschen, die schlicht und einfach unfähig zur Gleichgültigkeit sind, aber fähig, sich von einem universellen Gefühl lenken zu lassen, das sie wie ein innerer Kompass über alle Nebenstraßen des Lebens leitet, die selten begangen werden, meist unbequem und beschwerlich sind, manchmal sogar von den nahsten Freunden und Verwandten nicht verstanden werden, immer nur bergauf führen, immer in die Richtung der gegeißelten, hungrigen und unterjochten Menschheit gehen, einer Menschheit, die weder eine Wahl noch einen Raum noch eigene Zeit hat. Keine Gerechtigkeit hat. Keinen Frieden.

Diese Wege sind oft kürzer, als man denkt und führen uns in unserem eigenen Land zu der Entdeckung erschütternder Wahrheiten, wie es mir und meinen Genossen von „Libera" geschehen ist, die wir Tag für Tag versuchen, diejenigen zu unterstützen, die mutig und entschlossen ihre eigene Existenz aufs Spiel setzen, um die Missetaten der Mafia anzuzeigen.

Diese Wege können auch über das Mittelmeer führen und uns bis nach Gaza bringen.

Unterschiedliche Wege beschreiten und sich dabei zu unterstützen, sich mit den unterschiedlichen, sich gegenseitig spiegelnden Erfahrungen zu bereichern. Schritt für Schritt dem Erlebten Vittorios zu folgen. Ihn nicht allein lassen, nie, in diesem Land mit dem kurzen Gedächtnis, denn ihm eine Stimme zu verleihen, bedeutet ihn zu schützen.

Das war die Wahl von „Libera"; das ist auch meine Wahl.

Die Wahl Vittorios ist die, sein eigenes Leben täglich aufs Spiel zu setzen, und das seit mehr als einem Jahr, um der Bevölkerung Gazas mit den bescheidenen ihm zur Verfügung stehenden Mitteln Hilfe zu leisten.

Vittorios Wahl ist die, seine eigene Stimme denen zur Verfügung zu stellen, die seit langer, zu langer Zeit keine Stimme mehr haben. Und das trotz der extremen Unsicherheit und der Gefahren.

Viele Seiten dieses Buches sind unter den Bombardements verfasst worden, manchmal auf der Straße ohne jeden Schutz, weil plötzlich die Aufforderung kam, aus einem Gebäude, das von Bombardierung bedroht war, zu fliehen. Ohne Licht, ohne Nahrung, ohne Wasser, ohne je die Augen zuzumachen oder sich ein paar Minuten ausruhen zu können, vielleicht nach einer ganzen Nacht in einer Ambulanz als menschliches Schutzschild auf der Fahrt in die Hölle der Trümmer, der Leichen oder in einem Krankenhaus verschanzt, wiederholt Ziel der Bomben und ohne andere Handlungsoption als der des Ausharrens.

Die Wahl Vittorios fiel auf den gewaltlosen Widerstand, aber hartnäckig, kompromisslos und unbesiegbar. Der sich täglich wiederholt, der sich nicht zur Diskussion stellt, und immer im Dienste der Unterstützung der Bevölkerung in Gaza steht. Gefahren lauern dabei überall. Ob es nun um das Begleiten der Bauern auf ihre Felder geht, oder die Fischer auf offene See, immer in der Hoffnung, dass die Begleitung durch internationale Freiwillige abschreckend auf die israelischen Soldaten wirken würde. Aber jene schießen regelmäßig und oft fügen sie der kein Ende nehmenden Liste der unschuldigen Opfer neue Namen hinzu.

Eine radikale Entscheidung, die über die unsichtbare Grenze führt, jenseits derer es eine bequeme Wohnung, die Geliebten und die Sicherheit eines Gehaltes, kurz das, was wir unser „tägliches Leben" nennen, gibt. Aber unser „tägliches Leben" ist das Leben von Allen, das Leben eines jeden Nächsten - jedenfalls für diejenigen, die mit der genetischen Unfähigkeit zur Gleichgültigkeit „gestraft" sind und in die Ferne schauen können.

So ist Vittorio in Gaza in existenzielle Tiefen hinabgestiegen, die in Gänze zu verstehen sogar für diejenigen schwierig ist, die jeden Tag mit ihm in Kontakt stehen. Aus unserer bequemen Beobachterperspektive heraus versuchen wir jede Minute, auch wenn wir weit weg sind vom Ort des Geschehens und des Elends, und dennoch immer tätig und solidarisch, mehr zu verstehen und uns durch seine Augen zurechtzufinden in diesem verworrenen Wespennest, das immer undurchschaubarer und unwürdiger wird, von der internationalen Gemeinschaft sträflich ignoriert und totgeschwiegen. Diese Seiten stellen den einzigen direkten Augenzeugenbericht dar, den die Welt über diese Wochen des Massakers der Operation „Gegossenes Blei" hatte, die einem leidenden und bereits zermürbten Volk den Gnadenschuss verpasste. Vittorio war der einzige Italiener in Gaza in jenen Tagen, er lehnte das Angebot ab, das Land zu verlassen; ohne ihn hätten wir die Wahrheit wahrscheinlich nie erfahren, zumindest nicht die ganze Wahrheit.

Und gerade jetzt, in diesen dunklen Zeiten von Propaganda und manipulativer Veränderung der Realität, ist es die Wahrheit, die ein um jeden Preis schützenswertes Gut darstellt. Ein Gut, das ich dabei beobachten konnte, wie es schon unwiederbringlich betäubt geglaubte Gewissen wieder aufrüttelte, das dazu in der Lage war, in ganz unterschiedlichen Regionen in Italien nach kulturellem und sozialem Hintergrund sowie vom Alter her völlig heterogene Personengruppen zusammenzubringen und dazu, ihre Häuser zu verlassen, um sich eine Lesung von *Restiamo umani* anzuhören oder den Verkauf des Buches auf den verschiedenartigsten und fantasievollsten Kanälen voranzutreiben, immer in dem Bewusstsein, dass die Erlöse des Verkaufs dem Gazastreifen zu Gute kommen würden.

Ich bin fest davon überzeugt, dass es für mich und die Genossen von „Libera" ein Privileg ist, Vittorio auf dieser Reise zu begleiten; eine Reise, auf der er täglich mutig und begabt fortfährt schmerzhafte Momente der Wahrheit aufzunehmen, um sie unverfälscht vor unsere ungläubigen aber wahrheitsdurstigen Augen zu stellen.

Maria Elena Delia

Libera – Associazioni, nomi e numeri contro le Mafie http://www.libera.it

GAZASTREIFEN
Bebautes Gelände
Flüchtlingslager
Grenzübergang
Kilometer
0
10
MITTELMEER
ISRAEL
Bait Lahiya
Erez
Dschabaliya
Beit Hanun
Gaza-Stadt
Nahal Oz
Karni
Dair al-Balah
Kissufim
(im Aug 2005 geschlossen)
Chan Yunis
Abasan al-Kabera
Rafah
Flughafen Yasser Arafat
(seit Jan 2002 funktionsuntüchtig)
▲105
Abu Auda
Sufa
Rafah
ÄGYPTEN
Kerem Shalom
LIBANON
SYRIEN
Golan-höhen
MITTEL-MEER
West-jordan-land
ISRAEL
JORDANIEN
ÄGYPTEN

Kleines Wörterbuch des Konflikts

Gaza: 40 km langer und 10km breiter Landstreifen, weist mit 1,5Millionen Bewohnern eine der höchsten Bevölkerungsdichten weltweit auf. Seine Grenzen wurden nach dem arabisch- israelischen Konflikt von 1948-1949 festgelegt. 19 Jahre lang unter ägyptischer Verwaltung wurde der Streifen nach dem 6-Tage-Krieg 1967 von Israel besetzt. Sein Gebiet ist vollständig von einer Mauer umgeben, die es vom jüdischen Staat abtrennt. Die wichtigsten Grenzübergänge sind: Erez im Norden, als Übergang von und nach Israel; Karni im Osten, für den LKW-Verkehr; Rafah im Süden, als Grenzstation zu Ägypten.

al-Nakba: Zwischen 1948 und 1949 findet der erste arabisch-israelische Krieg statt, der für den jüdischen Staat zum „Unabhängigkeitskrieg" wird, und für die Palästinenser zur al- Nabka, die Katastrophe: zwischen 650.000 und 800.000 Palästinenser verlassen ihre Häuser und werden zu Flüchtlingen. Die Wissenschaftler waren uneins über die Gründe für diese Flucht, aber die „neuen Historiker" in Israel sind sich einig, dass sie zum größten Teil von tatsächlichen ethnischen Säuberungsaktionen der israelischen Milizen ausgelöst wurde.

UNRWA: Nach dem Ende des ersten arabisch-israelischen Kriegs errichtet die UNO mit der UNRWA eine Agentur für die Flüchtlinge, die in Zukunft den 4,6 Millionen Palästinensern helfen soll, die im mittleren Osten auf der Flucht sind. Von diesen leben 478.272 in acht Flüchtlingscamps: Jabaliya, Rafah, Shati, Nusierat, Khan Younis, Burej, Maghazi und Deir el-Balah. Die Camps sind völlig überfüllt – in dem in Shati leben 80.000 Personen auf 1km^2 (das entspricht der Anzahl von Palästinensern in Gaza *vor* der al-Nakba) – aber seit ihrer Gründung hat die UNRWA 187 Schulen und 18 Krankenambulanzen aufgebaut, und gibt Hilfsgüter an 86.971 Flüchtlinge aus, die als extrem bedürftig gelten.

Intifada: Am 9. Dezember 1987 überfuhr ein israelischer Siedler mit seinem Lastwagen zwei palästinensische Sammeltaxis im Flüchtlingslager Jabaliya. Bei dem Unfall wurden vier Palästinenser getötet. In dieser Episode nahm die Intifada (arab. Aufstand) ihren Anfang, eine gewaltlose Rebellion gegen die Belagerung, die sich in Steinwürfen auf die Truppen der Belagerer, Demonstrationen und Streiks unter starker Teilnahme der Bevölkerung ihren Ausdruck verschafft. Im selben Jahr 1987 wird auch die Hamas geboren, deren Akronym für Islamische Widerstandsbewegung steht. Eine religiöse und der Fürsorge verpflichtete Bewegung, eingerichtet als Ableger der Islamischen Bruderschaft Ägypten, in ihrer Gründungssatzung wird die Zerstörung Israels angeregt. Ein Jahr nach der Gründung der Hamas erkannte die PLO unter der Führung von Yassir Arafat Israel als Staat an und akzeptiert die Gründung eines palästinensischen Staates in den besetzten Gebieten von 1967 auf der Basis des Prinzips „Frieden für Land“, das durch die UNO-Resolutionen 242 und 338 vom Sicherheitsrat der UN gutgeheißen worden war.

Zweite Intifada: am Vorabend von Ministerpräsident Ariel Sharons provokantem Spaziergang über die Vorplätze der Jerusalemer Moscheen explodiert die Zweite Intifada, auch Intifada von Al Aqsa genannt. Sie charakterisiert sich nicht nur als bewaffnete Rebellion gegen die Besatzer (die von dutzenden von Selbstmordanschlägen in israelischen Städten geprägt ist), sondern auch als Wettkampf zwischen Fatah und Hamas. Fünfzehn Jahre nach ihrer Gründung stützt sich die islamische Bewegung auf ein haarfeines Helfernetz, das ihr – hauptsächlich in Gaza – eine breite Unterstützung aus der Bevölkerung garantiert. Die Hamas leitet Schulen, Moscheen, ONG und Krankenhäuser, fühlt sich aber nicht adäquat repräsentiert in der Führungsriege Palästinas, die nach wie vor von der PLO und der Fatah Arafats beherrscht wird.

Abschied von Arafat: am 11. November 2004 stirbt Arafat mit 75 Jahren in einer Pariser Klinik unter noch geheim gehaltenen Umständen (obwohl als Todesursache Vergiftung bekannt gegeben wurde, spricht niemand darüber, auch seine eigene Frau nicht). Seit vielen Monaten war der leidende Präsident der ANP – immer im Fadenkreuz der israelischen Panzer – in sein Hauptquartier in Ramallah verbannt. Die USA hatten ihn als „unwichtig" abgestempelt und zusammen mit der israelischen Regierung zum Hauptverantwortlichen für die Welle von Selbstmordattentaten in Israel erklärt.

Der Plan für den „Rückzug": im Sommer 2005 setzt das israelische Heer einen Plan aus dem Vorjahr um, der vom Premierminister Ariel Sharon an die Öffentlichkeit gebracht worden war, und zieht Truppen und Siedler aus dem Gazastreifen ab. Das Projekt, das anfänglich von Sharon „tokhnit hahafrada" (Plan zu Teilung) genannt worden war, wird in „Rückzugsplan" umgetauft, um nicht Assoziationen mit der Apartheid Südafrikas aufkommen zu lassen. Zwischen dem 17. August und dem 18. September werden ca. 8.000 Siedler evakuiert, die 21 Siedlungen bewohnten. Die Propaganda der Hamas präsentiert den Rückzug der Israelis als „Sieg des Widerstands". In einem Interview, das am 6. Oktober 2004 in *Ha'aretz* veröffentlicht wurde, erklärt Dov Weisglass – hochrangiges Mitglied des Kabinetts von Sharon -: „Die Bedeutung des Planes zum „Rückzug" liegt im Einfrieren des Friedensprozesses. Dadurch können wir die Gründung eines palästinensischen Staates und eine Diskussion über die Flüchtlinge, die Grenzen und über Jerusalem vermeiden. Der Rückzug versorgt uns mit dem nötigen Formaldehyd, damit ein solcher politischer Prozess mit den Palästinensern gar nicht erst entsteht".

Das ist aber noch nicht das Ende der Besatzung: nach der Meinung Tel Avivs ist von diesem Augenblick an (also nach dem Rückzug der Truppen und der Siedler) die Besatzung beendet und Israel somit jeglicher Verantwortung gegenüber der dortigen Bevölkerung entbunden. Nach internationalem Recht ist das aber nicht so, weil sämtliche Grenzübergänge im Gazastreifen (von Rafah einmal abgesehen), ebenso wie der Luftraum und die Gewässer der Küste, komplett unter israelischer Kontrolle bleiben.

Zu Hause gebastelte Bomben: nach dem Ausbruch der zweiten Intifada begannen die Milizen in Gaza damit, die grenznahen israelischen Städte (Sderot liegt nur 1km im Norden des Streifens) mit Kassam-Raketen zu beschießen, das sind ein paar Meter lange Metallröhren, in den Metallwerkstätten in Gaza hergestellt und mit einfachem Sprengstoff befüllt. Ihre Flugbahn kann nicht beeinflusst werden, aber sie sind leicht zum Abschussort zu transportieren und erreichen auch ihr Ziel sehr schnell. Während der Operation Gegossenes Blei“ wurden auch einige Grad-Raketen (Katiusha) aus russischer Produktion abgefeuert. Ungefähr 15 Opfer hatte die israelische Seite durch den Einsatz dieser primitiven Raketen zu verzeichnen.

Wenig gezielte Ziele: schon immer hat Israel eine Politik der „gezielten Tötung“ von Subjekten verfolgt, die sie als „Bedrohung der Sicherheit“ des jüdischen Staates ansahen. Zu Beginn der zweiten Intifada wurde verstärkt auf diese Taktik zurückgegriffen – insbesondere unter Einsatz der Luftwaffe und der *mistaravim* (eine Eliteeinheit, die als Araber verkleidet werden). Zu den berühmtesten Opfern gehörten der Gründer der Hamas, Scheich Ahmed Yassin, der im März 2004 getötet wurde, sowie im Folgemonat Abdelaziz al Ranzisi, der von Yassin als sein Nachfolger vorgesehen gewesen war. Den Informationen einiger Menschenrechtsorganisationen zufolge wurden während dieser Operationen auch Dutzende von Zivilisten getötet, weswegen die EU sie verurteilte und die USA sie als „nicht hilfreich für den Friedensprozess" erachtete. Am 23. Juli 2002 warf die israelische Luftwaffe eine 1000kg-Bombe ab auf ein Gebäude in Gaza: sie tötete Salah Shahada (Führer des militärischen Flügels der Hamas) und weitere 15 Personen, davon 9 Kinder.

Hamas gewinnt die Wahlen: die Regierung der USA unter Georg W. Bush macht die „demokratischen Reformen" zum Dreh- und Angelpunkt ihrer Politik im Mittleren Osten. Auch für die Palästinenser lautet die magische Formel: sofort Wahlen. Am 25. Januar 2006 geht die Hamas als Sieger des Urnengangs aus und erobert 74 Sitze des Nationalrats gegenüber 45 Sitzen für die Fatah, das bedeutete die Mehrheit in ganz Palästina, nicht nur in Gaza. Es handelt sich somit um eine „Revolution", die den Islamisten die Mehrheit im Parlament beschert und damit alle politischen Rahmenbedingungen auf den Kopf stellt, welche in den vorangegangenen Beratungen 10 Jahre zuvor der von Arafat gegründeten Partei 68 der 88 Sitze verschafft hatte. Zwischen beiden Fraktionen entsteht sofort ein erbitterter politischer Kampf, der seine Vorgeschichte in den bewaffneten Auseinandersetzungen während der zweiten Intifada hat.

Und macht den ersten Gefangenen: am 25. Juni 2006 dringt die Hamas aus Gaza in israelisches Territorium ein und nimmt den Gefreiten Gilad Shalit gefangen, als er in einem Panzer im Grenzbereich herumfährt.

Grüne Fahne über Gaza: nach monatelangen gegenseitigen Schuldzuweisungen, bewaffneten Auseinandersetzungen und Fehden aller Art werfen die Milizen der Hamas die politische und militärische lokale Führung der Fatah unter der Leitung des korrupten Kollaborateurs der Israelis Mohammed Dahlan aus dem Gazastreifen raus.

Und Israel nimmt den Ball im Flug auf: und drosselt die Zufuhr von Waren und Gebrauchsgütern des grundlegenden

Bedarfs in den Gazastreifen um 75% (im Verhältnis zu 2005). Nur humanitäre Hilfsgüter werden herein gelassen, während die Blockade der Ausfuhr von Waren die palästinensische Wirtschaft lahm legt.

Ehrenwerte Häftlinge: die israelischen Behörden nehmen dutzende von Abgeordneten der Hamas fest. Dadurch haben die Islamisten im Parlament nicht nur keine Mehrheit mehr, sondern die gesamte Versammlung hört faktisch auf zu funktionieren.

„Feindliche Entität": als Antwort auf die Abschüsse der handgemachten Kassam-Raketen der palästinensischen Milizen erklärt die israelische Regierung am 19. September 2007 den Gazastreifen zur „feindlichen Entität". „Gegen das Hamas Regime werden weitere Restriktionen vorgenommen, unter anderem eine Begrenzung der Warentransporte in Richtung Gaza, Einschnitte bei Brennmaterialien und Elektrizität sowie Einschränkungen für die persönliche Bewegungsfreiheit", ist in dem Kommunique des Kabinetts in Tel Aviv zu lesen. Der Generalsekretär der Vereinten Nationen Ban Ki-Moon erklärt dazu: „Es handelt sich hier um eine Maßnahme, die den Verpflichtungen Israels gegenüber der Zivilbevölkerung (in Gaza) im Hinblick auf die Internationalen Menschenrechte widerspricht".

Hunderte Zivilisten im Fadenkreuz: die von Shin Bet am 13. Januar 2008 veröffentlichten Zahlen werfen ein unheimliches Licht auf die Vorgänge in Gaza. Dem Geheimdienst zufolge sind in den Jahren 2006/2007 in Gaza 810 Personen ermordet worden, wovon ca. 200 „nicht eindeutig an terroristische Vereinigungen gebunden" waren. Die Nachforschungen der Tageszeitung *Ha'aretz* ergaben jedoch eine Zahl von 816 Todesopfern, von denen 360 Zivilisten. Daten der israelischen Organisation B'Tselem sprechen von 152 minderjährigen Opfern unter 18 Jahren und 48 Opfern unter 14 Jahren.

„Ungefähr 5% der Militanten im Streifen sind umgebracht worden", erklärte der Minister für Innere Sicherheit Avi Dichter hinzufügend, dass die Zahl der Kämpfer auf ungefähr 20.000 geschätzt wird. Legt man die Zahlen von B'Tselem zu Grunde und behält das israelische Heer und die Luftwaffe dasselbe Tempo und dieselbe Genauigkeit beim „Ausmerzen" der Kämpfer bei, dann würde das den Tod von weiteren 8.823 Zivilisten bedeuten.

Massaker: offiziell heißt es „um die Kassam-Abschüsse zu stoppen", die am 27.Februar den Studenten des Sapir College Roni Yechiah in Sderot umgebracht hatten, hätten die Truppen und die Luftwaffe Tel Avivs zwischen Ende Februar und den ersten Märztagen die eindrucksvolle Operation gegen den Gazastreifen durchgeführt, der 120 Palästinensern den Tod brachte; davon seien, so B'Tselem, die Hälfte keine Kämpfer gewesen. Noch in den Stunden der Durchführung dieses Massakers droht der Vizeverteidigungsminister Israels mit einer „Shoah" gegen den Gazastreifen.

Einer von drei ohne Arbeit: Nach einem Bericht der Weltbank vom 27. April 2008 liegt die Arbeitslosenquote in Gaza bei 33% (23% im Westjordanland) und soll aufgrund der Entlassungen in der Industrie voraussichtlich noch steigen. Zudem leben 35% der Bevölkerung in großer Armut. Ohne die Lebensmittelhilfen und Überweisungen der Palästinenser im Ausland würde die Armutsquote auf 67% ansteigen. Die Weltbank zeigt auf, dass die israelische Blockade der Hauptverursacher der Verschlechterung der ökonomischen Situation ist.

Tunnel wie Pilze: Um das Embargo zu überleben, graben die Bewohner des Gazastreifens dutzende Tunnel, die Rafah mit Ägypten verbinden. Durch die unterirdischen Gänge werden Nahrung, Medikamente (auch Kranke, die spezielle Behandlungen benötigen, werden durch die Tunnel nach Ägypten gebracht), Waren aller Art und Waffen für die Milizen auf palästinensisches Gebiet gebracht.

Gegossenes Blei: Am 27. Dezember 2008 beginnt „Gegossenes Blei". Im Verlauf der folgenden drei Wochen der militärischen Operation werden 1.285 Palästinenser getötet. Nach den Daten des Palestinian Center for Human Rights (eine anerkannte und unabhängige NGO) sind unter ihnen 895 Zivilisten und 167 Polizisten. 280 Kinder und 111 Frauen werden getötet. Die Zahl der Verletzten liegt bei 4.336 (von denen 1.133 Kinder und 735 Frauen sind). 2.400 Häuser werden von den Geschossen der Artillerie und Luftwaffe vollständig zerstört, 28 öffentliche Gebäude, 30 Moscheen und 121 Werkstätten. Am 18. Januar, zwei Tage vor der Vereidigung des amerikanischen Präsidenten Barack Obama, erklärt Israel einen einseitigen Waffenstillstand und beginnt mit dem Truppenabzug, der drei Tag später abgeschlossen ist. „Die Realität verändern" in Gaza, „der Hamas einen schweren Schlag versetzen", das waren die Slogans der Regierung in Tel Aviv, um den Angriff zu rechtfertigen. Sofort nach dem Ende des Massakers steht die Hamas aber wieder unerschütterlich in voller Macht da: sie beginnt mit dem Werk des Wiederaufbaus und verhandelt „indirekt" mit Israel, indem sie für die Freilassung hunderter Gefangener Palästinenser im Gegenzug die Freilassung des Gefreiten Gilad Shalit anbietet.

Kriegsverbrechen, Schluss mit der Straffreiheit: Dutzende von Menschenrechtsorganisationen beginnen Indizien zu sammeln, um die Militärs und Politiker, die an Gegossenes Blei" teilgenommen haben, wegen Kriegsverbrechen anzuklagen. Während wir schreiben ist noch nicht klar, ob der Weg, den sie verfolgen wollen, die Anklage in jenen Ländern sein wird, die (wie z.B. Großbritannien) erlauben, auch Ausländer wegen bestimmter Verbrechen wie „Verbrechen an der Menschheit" oder „Völkermord" gerichtlich zu belangen, oder jener – noch steilere - Weg der Beschuldigung Israels vor dem Internationalen Strafgerichtshof, bei dem schon Anklage erhoben worden ist.

Vik zum Gedenken

von Jeff Halper

15. April 2011

Es ist kaum zwei Wochen her, dass ich Juliano Mer-Khamis, einen Freund und Mitstreiter, verloren habe, da muss ich um meinen Free Gaza-Schiffskameraden Vittorio Arrigoni trauern. Er wurde gestern Abend in Gaza von religiösen Extremisten brutal ermordet, Vik, der übrigens Juliano ähnelte – äußerlich und auch mit seinem lebensbejahenden Wesen und seiner beharrlichen Präsenz, wenn die Unterdrückten ihn brauchten.

Vik war wahrhaftig überlebensgroß. Er war randvoll mit Energie und einer Mischung von Lebenslust, Kameradschaftlichkeit und Ungeduld angesichts von Beschränkungen und Gefängnissen wie Gaza. Da konnte es passieren, dass er einen plötzlich in die Luft hob oder mit einem rangelte – er war ein großer, starker, gutaussehender Kerl. Er behielt seinen Überschwang und sein Lächeln auch unter Druck und Gefahr, als ob er einem sagen wollte: Jallah! Diese israelischen Marineboote, die auf uns und die palästinensischen Fischer schießen, die können unserer Solidarität, unserer Wut und unserer gerechten Sache doch nichts anhaben! (Bei einer solchen Konfrontation wurde Vik verwundet.) Oft fiel er einen aus Spaß von hinten an und warf einen lachend zu Boden mit den Worten: „Siehst du! Genauso kommt die Besatzung zu Fall."

Vik, der so wie ich die palästinensische Staatsangehörigkeit und einen Pass erhielt, als wir im August 2008 die Blokkade brachen und in den Hafen von Gaza einfuhren – Vik war ein exemplarischer Friedenskämpfer. Obwohl er in Italien Familie hatte, entschied er sich für ein Leben mit den Palästinensern, aus vollem Herzen. Auf seiner Facebook-Seite steht „lebt in Gaza". Er war besonders dafür bekannt, dass er die Fischer begleitete, wenn sie versuchten, ihrer Arbeit nachzugehen, trotz des beinah täglichen Beschusses durch die israelische Marine, die sie in den leergefischten, Abwasser verseuchten schmalen Küstengewässern von Gaza einzwängten. In den letzten zehn Jahren wurden wenigstens 18 Fischer getötet, etwa 200 verletzt, zahlreiche Boote versenkt und Ausrüstung zerstört. Aber Vik setzte sich überall voll ein, wo immer er gebraucht wurde, für Bauern, für traumatisierte Kinder, in Zeiten der Not. Sein Buch „Gaza – Mensch bleiben" dokumentiert, was er während des dreiwöchigen israelischen Angriffs Ende 2008 und Anfang 2009 mit den Menschen erlebte, als er einfach bei ihnen blieb in ihren Cafés und in ihren Häusern.

Vor zwei Tagen, als sich herumsprach, dass er gekidnappt worden war, gab es sofort Hunderte von Appellen von Seiten der internationalen Friedensszene, aber ganz besonders aus der verzweifelten palästinensischen Bevölkerung in Gaza. Heute werden dort und anderswo in den besetzten Gebieten Trauerfeiern gehalten.

Vik war außer in Gaza auch in der Westbank tätig, wurde dort dreimal eingesperrt und schließlich von Israel ausgewiesen. Aber seine Friedensarbeit bestand nicht nur in Aktionen. Vic war ein Meister der Kommunikation – mit Gesten, mit Worten – mündlich und schriftlich. Sein Blog namens Guerilla Radio war in Italien ungeheuer populär. Scheinbar ohne Anstrengung verband er seine persönlichen Erfahrungen mit Reportagen und Analysen.

Vik war, was man einen „Zeugen" nennt: jemand, der sich körperlich auf die Seite der Unterdrückten stellt und ihre Siege, ihre Tragödien, ihre Leiden und ihre Hoffnungen mit ihnen teilt. Zugleich war er jemand, der durch seine Aktionen wirklich etwas verändern wollte. Er und Juliano Mer-Khamis, Rachel Corrie und die vielen anderen, die ihr Leben für Frieden und Gerechtigkeit in Palästina geopfert haben, hinterlässt ein riesengroßes Loch in unseren Herzen, unserem Leben, unserem Kampf.

O Mann, du wirst mir fehlen. Doch jedes Mal, wenn ich müde oder mutlos bin, werde ich das Gefühl haben, Du hebst mich hoch über Deinen Kopf und drohst mir, mit breitem Grinsen und lautem Gelächter, mich über Bord zu werfen, wenn ich nur im geringsten zögere, weiter zu kämpfen. Du warst und bist die Urkraft des Kampfes gegen die Ungerechtigkeit. Du bleibst unsere Stütze und unsere Inspiration. Wie die palästinensischen Fischer, die du so geliebt hast, fühlen wir und alle unsere Mitstreiter uns in der Pflicht, Deine Vision zu Ende zu führen. Leb wohl, mein Freund.

Jeff Halper ist Gründer und Leiter des „Israelischen Komitees gegen Hauszerstörungen (ICAHD)"www.icahd.org

Aus dem Englischen von Ulrike Vestring

In Memoriam

Vittorio Arrigoni

(1975-2011)

„Ein italienischer Aktivist einer pro-palästinensischen Gruppe ist wenige Stunden nach seiner Entführung tot aufgefunden worden. Wie die Hamas-Regierung am frühen Freitagmorgen mitteilte, wurde der 36-Jährige bereits kurz nach seiner Entführung am Donnerstagmittag getötet. Er sei „auf furchtbare Weise" umgebracht worden, sagte ein Sprecher des Innenministeriums. Die Kidnapper hätten die Ermordung des Aktivisten von Anfang an geplant, ein Gefangenenaustausch sei nie angedacht gewesen." *(Die Welt Online am 14. 4. 2011)*

Eine ferngesteuerte mörderische Hand hat das Leben unseres Freundes, Autors, Kamaraden und Wegweisers ausgelöscht.

Er wurde ermordert, weil er für eine bessere, für eine gerechtere Welt kämpfte, in der es keinen Platz für Diskriminierung, Rassismus und ethnische Verfolgung mehr gibt.

Jüdische Stimme für einen gerechten Frieden im Nahen Osten • Abraham Melzer • Giuseppe Zambon

Essere Umani?

Folgende Kommentare von Zionisten wurden auf der Blog-Seite von Vittorio Arrigoni gefunden:

Edoardo Galliani
Wenn Israelis alle ausrotten wollen, wie er sagt, warum knallen sie ihn dann nicht auch ab.

Elia Roma
Krepier schmutziger Neo-Nazi! Du wirst die Kritik teuer bezahlen, mehr als du jetzt von den arabischen Camorristen und den internationalen Nazis erhalten hast ... Pass auf, wen du beleidigst, du infamer, hinterhältiger Hurensohn ... Bist du Antizionist? ... Du bist gegen das jüdische Volk ...und wer den Holocaust überlebt hat, wird deine feigen und verlogenen Beleidigungen nicht verzeihen ... PASS AUF ... DU KÖNNTEST SCHON JETZT EIN LEBENDIGER LEICHNAM SEIN ... FICKE DICH SELBER SCHMUTZIGER NEONAZISTISCHER BETRÜGER! ...

Linasara Streghetta Di Segni
Warum sollen wir uns auseinandersetzen mit einem opportunistischen Idioten, der vom Blut der Zivilisten profitiert??? *(A.d.Ü.: Offensichtlich sind damit die israelischen Zivilisten gemeint.)* Er ist ein Außenseiter, eine Scheiße, die andere Scheiße glorifiziert, und der versucht, seine Bücher zu verkaufen. Die einzige Lösung ist, ihm und seinen Gefolgsleuten ins Gesicht zu spucken. Sie machen nur Hass-Propaganda!!

Umberto Avram Piperno
Auf anderen Internetseiten werden meine Kommentar wegen politischer Korrektheit nicht angenommen, aber hier hoffe ich, dass Vittorio meine Kommentare lesen kann: Du bist ein Minderbemittelter, im wahrsten Sinne des Wortes fehlt es dir an Intelligenz.

Clara Banon Kirshner

Du bist ein ekelhafter Scheißkerl. Mir fehlen die Worte. Ich hoffe, dass eine deiner geliebten Raketen in deinen Händen explodiert.

Truth

Es gibt Hunderte, die dasselbe Spiel spielen. Sie wollen die Rolle des Märtyrers übernehmen, aber weil sie in ihrer Gesellschaft ohne Beachtung bleiben, positionieren sie sich in der Nähe der Ziele der israelischen Armee. Eine Schwangere? Eine Kugel, zwei Treffer. So ist es - (wenn es Ihnen so scheint). So sagte ein großer Schriftsteller. Und das gilt für mich auch. *(A.d.Ü.: Hier bezieht sich der Autor auf die Anklage von Arrigoni gegen ein T-Shirt mit dem Bild einer schwangeren Palästinenserin und der Aufschrift „Eine Kugel, zwei Treffer", das sehr beliebt bei der israelischen Armee war.)*

Jeoshua Ben Caanan

Ich möchte gerne wissen, ob ihm das Marihuana, das er in seiner Pfeife raucht, zugeschoben wird – oder ob er ab und zu seinen Arsch verkauft, um es sich zu beschaffen. So oder so, dem Vittorio würde ich gerne eine Rakete in den Arsch stecken.

Reihe «Verbrechen gegen die Menschlichkeit»
5
ABELS GESICHTER
PALÄSTINA
Die Tragödie eines Volkes
נסגר
ZAMBON
Das Kind auf dem Foto hieß Khalil Mughrabi, war elf Jahre alt
und wurde am 7. Juli 2001 von israelischen Soldaten erschossen,
weil es zu nahe an einem israelischen Grenzpost Fußball spielte.
Die israelische Friedensorganisation B'Tselem zwang
die Armee, diesen Fall zu untersuchen.
Das Ergebnis der Untersuchung wird
"Der Fall ist abgeschlossen".

ZAMBON
VERLAG

CARMINATI/TRADARDI

BDS

GEWALTLOSER KAMPF GEGEN ISRAEL-APARTHEID

Einleitung von Prof. Rolf Verleger, Vorsitzender der “Jüdischen Stimmes für den Frieden”

Der ökonomische Boykott ist eine wirksame Waffe, die schon gegen andere rassistische Staaten erfolg- reich eingesetzt wurde, zum Beispiel gegen Südafrika. Auch wenn Südafrika seine eingeborene Bevölkerung einem rigiden, grausamen und effizi- enten System der Rassentrennung und finanziellen Diskriminierung un- terwarf, bleibt die Hinterlistigkeit und Raffinesse des israelischen Systems unübertroffen (außerdem war dort nie geplant worden, die Eingeborenen aus dem Land zu vertreiben).

Taschenbuch

ISBN 978 3 88975 133 1 - 10,00 €

Der Dokumentarfilm
To Shoot an Elephant,
der diesem Buch von
Vittorio Arrigoni kostenlos
beiliegt, wird Ihnen von
Eguzki Bideoak präsentiert.
Dieses Kollektiv ist, wie
Arrigoni zeitlebens auch,
einer Sache verpflichtet:
der Verbreitung
der Wahrheit.
Für weitere Informationen:
www.eguzkibideoak.info
EGUZKI
BIDEOAK